神田 順

Jun KANDA

小さな声
から
はじまる
建築思想

現代書館

小さな声からはじまる建築思想

はじめに

　2020年の12月で73歳になりました。人生を振り返ると、さまざまな立場にも立ったし、さまざまな場所に住むという経験もしました。生まれは岐阜県本巣郡北方町です。4歳の時に、父の勤めていた会社のある東京都大田区馬込に越してきて、24歳まで過ごしました。就職して大阪に1年いて、結婚してからは千葉県松戸市、学生の身分に戻って英国エディンバラに3年、父の没後は、馬込に戻り、その後、大学のサバティカルを利用して米国ボルティモアに1年、スタンフォードに3カ月、さらに、ニュージーランドのクライストチャーチに6カ月滞在の機会を得ました。2006年から7年間は東大柏キャンパスに近い千葉県流山市の住人でした。今は妻と2人、馬込に住んでいます。実に有難いことです。それぞれの場所で多くの人と巡り会い、影響を受けたと、長く生を連ねるにつれて思う

このごろです。

　小学校から大学まで、多くの恩師に恵まれましたが、これまで一番に影響を受けたわが師は、2013年1月に81歳で亡くなった吉澤洋先生です。大田区立馬込中学校3年のときの担任で、テニス部の顧問でした。卒業後も気にかけて頂き、男女4人のクラスの仲間を50年間にわたり毎年ご自宅に呼んで頂きました。学生時代も就職してからも、子どもが生まれ、孫ができてからも、立場の違う4人それぞれが、先生の前では年を経るほどに雄弁になったものです。自分の苦手な国語の先生でしたが、テニスの師でもあり、美術や音楽についても師でした。4人の「小さな声」を育ててくれたということです。クラスで繰り返し語られたのは「気魄、節度、和」でした。それは、桃太郎が供とした雉と犬と猿の話でもあるのです。あるいは西洋の二元論に対する東洋の三元論の話でもあったように思います。この年になっても、中学時代のことという以上に、先生のことを思います。

　本書のタイトルにある「小さな声」とは、1億2,600万人が住む日本で、いかに生きるか思い悩みつつも懸命に日々を送っている、そんな一人ひとりの声のこと

です。大学にあっては教職の立場で32年間、研究室で150人近い学生を教え、100編を超える論文を書き、毎年のように国際会議で発表し、学会や国の委員会で発言し報告書をまとめたりして過ごしました。でもそれが特別に大きな声になったとも思われません。

　もっとも、これからお話ししようとすることは、何事もその「小さな声」から始まるということでもあり、それを生かそうとしてきたことの記録でもあります。改めて、吉澤先生への報告というつもりで記します。

　21世紀に入って、いきなりニューヨークやワシントンでジェット機が建物に突入するというテロが起き、現代に生きることの厳しさをつきつけられました。もっとも自分の問題としてとらえられているとはとても言えないのですが。それから20年経ちましたが、世界の状況は変わっていません。

　我が国では、建築制度の根幹をなす建築基準法の大改正が施行されたのが、その前年2000年です。世界経済が、見えない大きな力で揺れ動く中で、日本は波にもまれて、しっかりした足取りがとれないでいます。法改正は、ある意味で経済界の大きな声に対して協力的であったし、それがさまざまな歪を生んできたこと

は、建築分野で多く指摘されています。

　私にとって、建築は誰のために、法律は何のために、ということを考える機会が生まれたのが、2003年の建築基本法制定準備会の発足です。小さな議論の場であると同時にまだ小さな運動であり、今日まで行動化することによって、思考を深めることができたように思っています。そのあたりを説明したい気持ちが募って、この本ができました。

　建築に携わるものとして、やたらと国に頼らず、社会の中で役割を果たすとはどういうことか。ハンナ・アーレント（1906-1975）が『人間の条件』の中で言うように、「生きるために労働するのではなく、仕事をすることが人として生きること」と思うのですが、多くの法律が、人を仕事でなく労働の方へ追いやっているのではないでしょうか。

　工学は、科学の知見をものづくりに生かすことですが、大きくすることや効率的にすることだけに生かすのではなく、人が気持ちよく生きることに寄与しなくてはいけないと思うのです。自分だけの枠を超えて周辺も含めた環境こそが、人の生きるための場です。東京大学に新領域創成科学研究科が生まれ、環境学を始

めたのが1999年。まだまだ環境学が学問として社会に認知されたものになっていない現実があります。

　この20年くらいの自分の思いを、行動にすべく生きてきた記録を、自分の言葉でまとめてみました。果たして「小さな声」を生かすことになっているのか、行動できているのか、これからお話しします。

次 目

中扉のスケッチは著者の作品です。
（初出：『住まいマガジンびお』の連載「まちの中の建築スケッチ」）

第 1 章

人間の生き方を法律が決めてよいのか

ボローニャの町並み

スクラップアンドビルドから、
ストックを活用する社会へ

　私は、大学の建築学科を卒業して、構造設計者の道を志し、その後また大学に戻り、主に耐震性や構造安全性に関する研究・教育に携わってきました。

　言うまでもありませんが、私が大学を卒業した頃（1970年）と現在では、日本社会を取り巻く環境は大きく変わっています。人口減少や気候変動をはじめ、2020年の新型コロナウイルスによるパンデミックと、これまで経験したことがないような難問にも数多く直面する時代を迎えました。そのように周りの環境が大きく変化していることを考えると、建築の世界においても、短期的な利益を追求するためのスクラップアンドビルドから脱却し、これからの日本が目指すべき持続可能社会に相応しい、ストックマネジメントを念頭に置いた法整備が不可欠だと思っています。1950年に制定された建築基準法の制度疲労に予てから危機感を覚えていたこともあり、今から約20年前より、理念法としての建築基本法の制定を目指して運動してきています。

「建築基準法」と「建築基本法」、「準」と「本」の一字が異なるだけですし、読者のみなさんにとっては少々紛らわしいかもしれませんので、はじめに簡単に説明させていただきます。

「建築基準法」は、1950年、終戦直後の日本で、一日でも早く、住む場所、仕事をする場所が必要とされた時代に、最低限の質は確保するルールを設定し、建築確認制度という効率的な仕組みで運用するものとして制定されました。その後、長年にわたって機能してきた法律だったわけですが、このところさすがに制度疲労が目立ってきたということと、そもそも新築の建物を規制するための法律だったので、これからのストック社会に向けて、既存の建築物を活用することが重視されていく時代にそぐわない面が多いのです。また、建築行政は2000年から地方公共団体の自治事務と位置付けられているにもかかわらず、ほとんどの自治体では、建築基準法という国全体の一律の規制に従って事務的に運用してしまっています。さらに建築基準法に伴う膨大な規制があるために、各自治体が独自の条例をつくったり運用したりする際の障害にすらなっている面も少なくありません。

最近、建築学会の「人為的要因による災害」という
テーマの特別委員会で議論しています。法律を制定す
るというのは、人為的な操作です。人為的に操作され
たことによって、壊れなくてもいい建物が壊れてしま
ったり、それによって余分にお金をかけなければいけ
ない状況が生まれることがあります。

　建物の基準というものは、本来、専門家が、その町
で暮らす人たちにとって無視できない文化的・歴史的
な経緯にも配慮した上で判断して決める、という形に
すれば、もっと人々が幸福を感じられる建物や町がで
きるのではないか、そんなことをずっと考えてきてい
ます。現状は、今までのいきがかり上、法律で決めら
れた数値に縛られて、災害や事件が起きる度に、新し
い項目を付け加えるということを繰り返した結果、ど
んどん規制する項目が膨大になってしまい、私たちの
暮らしにむしろストレスを与える状況をつくっている
ように思います。

　そのような状況に対する疑念が年々深まってゆく中
で、日本の建築を、持続可能社会に相応しい豊かな社
会資産として維持形成していくための、基本法の制定
がどうしても必要と思っています。同じ問題意識をも

つ建築の専門家を中心とした約200人で、建築基本法制定準備会を立ち上げたのが2003年8月です。私たちが提案している「建築基本法」は、建築の理念と関係者の責務を謳うもので、それに対する具体的な規制や制限、罰則などについては、それぞれの自治体が条例によって実体化する必要があります。現在の建築基準法とそれを運用する建築士制度、建築確認制度を直ちに別の形にすることはとても無理ですが、建築基準法によらなくても、建築基本法の理念が体現できる実例を積み重ねていけば、建築基本法を中心とした建築制度へ移行することは十分可能だと考えています。

イタリアン・セオリー

　こうしたことを考えていた過程で、岡田温司の『イタリアン・セオリー』という本に出会いました。もともと井上ひさしの『ボローニャ紀行』などで描かれるイタリア都市の姿、国家をあてにしない町、職人たちが生き生きと暮らす社会に魅力を感じていました。グローバル資本主義とは対照的に、会社がある程度大きくなったら、分社化して小さな会社にさせるルールを

つくって、企業を巨大化させず、町の大きさに相応しい企業として成長させていく。企業が大きくなると、それに伴って建築物も巨大化してしまい、町に相応しくない、景観も損ねる建物が出来上がってしまうということになりかねない。そうではなくて、小さなスケールに相応しい産業の回し方というものを工夫して、持続可能性を追求していくという町づくりですね。

　井上ひさしが書いていた、「靴をつくるのに2週間かけた」なんていうエピソードにも惹かれて、これは是が非でもボローニャで靴を買ってこなくちゃと思って、実現させたこともありました。もっとも、こちらは2週間でなく2時間でしたが。ボローニャの靴屋さん、12時から15時までお昼休みというようなお店で、職人さんが牛革の特徴からデザイナーの人となりまで丁寧に説明してくれて、4、5足、試しに履き比べさせてもらいました。ゆっくりお話ししてから購入しました。2万円でお釣りがくるくらいの価格でしたが、日本では4〜5万はするだろうと思いました。やっぱりそんなふうに、職人さんの靴への思いを聴きながら、愉しみながらじっくり選ぶ時間も良かったです。買った靴にも愛着が湧きます。たまにはきちんと手入れも

しようという気になるし、購入して10年くらいになります。一度修理しましたが、今でも大事に履いています。

　岡田温司の『イタリアン・セオリー』を手に取ったのは、ちょうど建築基本法制定準備会で法律について議論していく中で、そもそも法律は何のためにあるのかというところまで遡って考えていた時期でした。絶好のタイミングで『イタリアン・セオリー』を読んだことによって、現代国家が定めている法律の意味というものが理解できた気がしたのです。

『イタリアン・セオリー』では、アントニオ・ネグリ（1933〜）、ジョルジョ・アガンベン（1942〜）、ロベルト・エスポジト（1950〜）など、現代イタリアの哲学者たちの思想が紹介されているのですが、その中でも岡田温司が重要な書物として挙げていたのがアガンベンの『ホモ・サケル』です。ミシェル・フーコー（1926-1984）によって提起された支配の概念に「生政治」があります。近代国民国家の支配の方法として、法律をただ制定するだけではなく、法制度を各個人の内面にまで浸透させ、市民一人ひとりが服従するようになってしまう管理のあり方ですね。この「生政治」という

権力を、「ホモ・サケル」という存在を提示することで焙り出したのがジョルジョ・アガンベンであるということを、『イタリアン・セオリー』を読んで知りました。

「ホモ・サケル」とは、裸のまま法的保護の外に投げ出されたローマ時代の特異な囚人で、bios（ビオス、政治的な生）を奪われ、zoe（ゾーエ、生物的な生）しか持たない存在とされています。アガンベンはそのような生を、「剝き出しの生」と呼び、生政治はこの「剝き出しの生」を標的にしていると説いています。

　また、ホモ・サケル（聖なる人＝剝き出しの生）をキーワードとして、現代における宗教についても論じられています。現代においては、宗教すらも市場経済に適合できなければ生き残ることができません。市場に歯向かう者は、例えばどんなに優れた芸術家であっても滅ぼされてしまうし、あるいはどこかに隠れて仕事をするしかない。そのような状況に乗じて、むしろ「市場経済こそが宗教に」なってしまっているわけです。そのこともアガンベンは書いています。現代人にとっての世界宗教となった市場経済に対して異を唱えたり、経済活性化を何よりも最優先させようとする社会のあ

り方に対して異を唱えると、「お前は異端者だ」と排除されてしまうわけです。アガンベンは言います。「今や神ではなく、経済活性化が侵してはならない聖なるものとなった」と。

アガンベンの『ホモ・サケル』のひとつのポイントは、「constituting power」と「constituted power」の対比です。Constitution は「憲法」のことですが、「constituting power」は、仕組みや法律はこうあるべきと提案することであり、合意形成に向かう力です。専門家がそれぞれの分野でどのように社会や制度を良くしようかと知恵と力を出し合うことです。それに対して、「constituted power」は、国や自治体は憲法や法律の枠内で権力を与えられているわけですが、人々にとって、権力側の保証された力を意味します。それは、既成権力による無理な押しつけでもあります。

しかし、いつまでも権力から守られ、同じ所にばかり権力が集中してしまう状況が続けば、本来の社会の仕組みや価値基準が、人々のためではなく、わかりやすい市場価値や貨幣価値といった評価基準に流されてしまう。本質的な価値を評価できる人がきちんと評価するということにならないと、ますます社会のあり方

が歪んだものになってしまうということだと思います。

　また、アントニオ・ネグリとマイケル・ハートの共著書『〈帝国〉』では、現代社会の構図として、別の視点から法律が人の生き方を決めてしまう問題が指摘され、本来、自分たちがどういう生き方をしたいのかという声が上げにくくなっている閉塞感が描かれています。ここでいう〈帝国〉とは、従来の私たちの持っている「帝国」の概念とは少し違います。市場経済の中で、独占禁止法があるにも関わらず、国だけは自ら例外を認め、巨大企業には独占を許して経済活動の規模を巨大化させていく仕組みがあるといいます。小さな企業は、それに太刀打ちできるわけもなく、格差は拡大していきます。こうした状態がグローバルなスケールで広がっている。そのことが『〈帝国〉』では、鋭く指摘されています。「国家を超えたグローバル市場経済が世界を制覇している」と。

　ネグリが書いたものには、「マルチチュード」という言葉がよく出てきます。マルクス主義が、労働者としての人民（ピープル）と資本家を対比させ、人々を一括りにしてしまっていたのに対し、「マルチチュード」は、人と人の集合体のことで、そこに人の生活や

生き方がある。何よりそれが大事だし、どうやって政治がそれを運営できるかについて考えさせられます。現実にはグローバルな市場経済がお金の世界では力を持っていて、大規模な展開を繰り広げる中で、問題となるのは、どうしたら個々人が気持ちよく生活を送ることができるかだと思うのです。

また、エスポジトの著書『近代政治の脱構築』でも、「法律が人の生き方を決めている。それでいいのだろうか」という根本的な問題が投げかけられています。ヨーロッパでは、ナチス・ドイツが合法的に多くのユダヤ人を殺害したという歴史を、自分たちの問題として捉えているのですね。

アガンベンがいう「今や神ではなく経済活性化が侵してはならない聖なるものとなり」、ネグリが指摘する「国を超えたグローバル市場経済による世界制覇」。ヨーロッパの人々は、それらの限界を知りつつも戸惑いながら経済政策に四苦八苦しているときに、現代イタリアの思想家たちが示唆を与えているということです。

もちろん、市場経済そのものを否定するわけにはいかないし、生活の多くを大量生産による恩恵に依って

いるのが現代であり、私たちを取り巻く現実でもあります。しかし、経済成長を最優先させる社会のあり方が格差と分断を生んでいることも事実です。補助金が必ずしも豊かさを導くものでないことも同時に分かっています。貨幣では計れない生き方の価値を、どのように共有していくのか。自然との共生と持続可能性、土地の固有性と人々の多様性、市場経済や大量生産とは対局にある、われわれにとって大切なもの、大切であるにもかかわらず長らく置き去りにしてきてしまったものを、これからの生活の中で、どのように育てていくのか、私たち一人ひとりが問われている大きなテーマです。

　思想書、哲学書は『イタリアン・セオリー』に出会って以来よく読むのですが、長年、工学の世界に身を置いてきた人間からすると、人文畑の人の言葉遣いや思考パターンに追い付かないというか、非常に難解に感じることもよくあります。ただ、『イタリアン・セオリー』、とりわけ、アガンベンの言っていることが自分の中にしっくり入ってくるのは、その言葉を建築の世界に置き換えて、政治による過度の干渉であったり、規則に縛られて生活するのか、規則は少なく自然

に生きるのか、現行の建築基準法と私たちが提案している建築基本法の世界観の違いとの対比であったり、いろいろと重ね合わせながら読める部分が多くて、そのように思えると、よく理解できたと感じます。従前から自分が考えてきたこと、取り組んできたことと照らし合わせて読んでみる、それはやはり、読書の醍醐味を存分に味わえる体験です。

　建築や住宅は、まさに生活の器であり、一人ひとりの暮らしにとって大切な基盤でもある。その器について、貨幣経済や法律ですべて決められてしまってよいのかという問題意識をもつことは極めて重要だと考えています。また、その問題に向き合うためにこそ専門家が存在する意味があるとも思っています。そして、この大きなテーマに取り組む際の共通認識としてイタリアン・セオリーを置くことにより、何か新しい地平が拓けてくるのではないかと、ここ5、6年の間ずっと思いを巡らせています。

第2章

「建築基準法」
から
「建築基本法」
へ

昭和のくらし博物館

2019. 4. 25
9:00 a.m.

昭和のくらし博物館

法律が決めてしまう建築

「人間の生き方を法律が決めてよいのか」、この問いかけを建築に引き付けて考えてみたいと思います。例えば、地球温暖化が進行する気候変動の時代には、エネルギーを無駄遣いしないために住宅は高気密高断熱にしなければいけないといわれています。高気密にすると、シックハウスといった問題が出るかもしれないから、換気をしなければいけないというわけで、住宅は24時間、機械換気をつけることが、法律で決められました。しかし、本当に、最低基準とは、そういうものなのかと思ってしまうわけです。住宅は夏を旨とすべしで、開けっ放しで、暑いけどうちわであおぐ、自分はそういう家に住みたいんだという人もいるはずです。ところが換気扇をつけなければいけない。そのような法律は、換気扇メーカーにとっては大変有難いわけですが。

たしかに高気密高断熱で換気扇をつけると、室内は空気調和制禦された温度となり、冬は暖かくて、夏は涼しい。こうした建築を推進する人たちは、健康寿命も延びて、健康に寄与しているという統計データを出

してくるわけです。でも、その家で暮らす人がどういう生活をしたいのかということを考えると、本人がいいと言うのなら、それを尊重すべきじゃないか、という部分があるわけです。

　もう一つ例を挙げると、近年、都会には木造3階建ての住宅がいっぱいできています。広い土地は相続税が負担になって、大きな家なんか建てられないからと、デベロッパーに売ると、そこに3軒建てましょうとなる。3軒建てるなら、3階建てでないと床面積が確保できない。3階建てにして、しかも窓は縦長の小さな窓ばかりです。法律が効率の良い高気密住宅に誘導してしまっている現状があるのです。

　日本では、このようにして建物の最低基準を規定する建築基準法が、人の生活や建築の詳細を決めてしまっているというわけです。

1950年に制定された
建築基準法

　そもそも建築基準法は、1950年に、1919年制定の市街地建築物法をもとに、政府によって制定されまし

た。敗戦後、早急に住宅を含むさまざまな建物をつくらなければいけない状況下で、市街地の中だけでなくすべての建物を対象として、確認制度によって法の定める建築基準を義務づける体制が整えられました。同時に、議員立法で建築士法という法律ができて、ある規模以上のものは一級建築士の資格を持っていなければ手がけられないことになりました。

　1968年に発生した十勝沖地震で、コンクリート製の柱や梁に亀裂が入って起こる剪断破壊によって倒壊する建物が多かったことから、1971年に、より安全な耐震基準にする必要があるということで法改正がありました。この時の改正は、柱や梁の補助鉄筋の本数を増やすなど簡明なもので、実効性も認められています。1968年に日本で初めての超高層ビルである霞が関ビル注が竣工し、しばらくは建築基準法第38条の例外規定を運用して、日本建築センターの高層評定委員会が安全性を評価するという形で実施されました。

　1976年には日照権の確保に関する規定が設けられ

注：当時の建築基準法は高さ60メートル以上を超高層としており、それに従うと、ホテルニューオータニが日本初の超高層ということになるが、一般には高さ100メートルを超えると超高層という感覚もあり、時代を革新したという意味で、霞が関ビルを日本初の超高層と呼んでよいと思う。

ましたが、その後の改正では何度も都市部の再開発を推進する方向で、新しいルールが導入されています。この間に、地震に対してはニュージーランドで保有耐力設計という新しい考え方が生まれて、日本でも基準に組み込まれました。そして、新しい耐震設計法として取り入れられることになりました。これが「新耐震」と呼ばれている、1981年の法改正です。

アメリカの圧力による改正

建築基準法は、地震被害やその時々の社会状況によってたびたび改正されてきましたが、1998年の改正は、アメリカからのいわば外圧をきっかけとするものです。アメリカはずいぶん前から、建築用の木材を日本に輸出しようとしていたのですが、日本の建築基準法が定める基準をクリアできていなかったため、輸出できませんでした。このために、世界で一般的に通用する基準にしろと要求することがアメリカの議会で決議されました。このような経緯を経て、1996年、クリントン大統領と会談した当時の橋本龍太郎首相が、日本の建築基準法をもうちょっとインターナショナル

なものにしろよと言われて、じゃあ改正しますと約束してしまった。しかも2年間でやると。そんな短期間でできるわけないじゃないかという話なんですが。

　その結果、1998年の法改正で、性能規定という、材料などの基準や規格だけの仕様でなく、設計の考え方も、適切な性能を目指した設計とすることが定められました。しかし、例えば地震だったら0.2という震度の係数を乗じて計算した水平力を作用させて、材料の持っている許容耐力を超えなければ安全だ、といったストーリーなのですが、その0.2という数値は、そもそもどれくらい安全なのかということは、南関東地震（1923年の関東大震災を引き起こした地震）に対しても大丈夫だからというような説明しかありませんでした。

　0.2という数字は、理論的に導き出された数値というよりは、経験値です。戦前に耐震構造理論によって建築構造学の基礎を築いた、佐野利器（1880-1956）の時代の経験値。世界の耐震基準もだいたいそんな感じでした。自重の0.1倍の水平力を掛けて計算して、鉄筋が破断しない範囲に十分入っているというような形で、アメリカやニュージーランドでは、だいたい同じような耐震基準をつくっています。

こうした基準の目安となるのは、日本だったら南関東地震、アメリカはサンフランシスコ地震、ニュージーランドはネイピアの地震です。そういう地震があっても壊れないようにという計算を行う方法として、水平力を自重の0.1倍とか、0.2倍という数値が用いられるのです。

耐震基準

現在の海外の耐震基準では、地震ハザードの評価をして、500年に1度の地震動とか、2500年に1度の地震動が前提とされています。日本でも、そういう話になるのかと期待していたら、地震動に関してはまったく変わりませんでした。風とか雪の荷重外力の取り方に関しては変わったのです。それまで風は風圧力として1平方メートル当り $60 \times \sqrt{h}$ kg重という、1934年の室戸台風の風速をベースに、地上16メートルでは風速として毎秒何メートルというように、数値に基づいて決めていました。地面からの高さが h（メートル）ですね。それを、気象庁の風速計は日本全国にありますから、そういうデータを基にして、ある程度確率的

に求めた、50年に1度の風速に対しても大丈夫というように、基準が変更されました。雪に対しても、昔はその行政地域の過去最大の積雪に対して大丈夫なように、といった説明だったのが、50年に1度の積雪を設計用の荷重にする、と変わったのです。

　1998年の法改正で、風や雪は他の国と比較ができる基準になったのに、地震だけはまったく変わらなかったわけです。これでは、いったい何のために議論したのか、という思いがありました。

　たしかに地震は不確定な要素が大きいので、逆に、ふつうに考えるばらつきの範囲を超えるようなところもあります。地震が起きていないところは見かけ上、ハザードが低いというか、安全なように見えてしまったりする。しかし、その見かけが裏返しになってしまうこともあるし、そのへんの難しさがあります。例えば、九州で地震が起きる、新潟で地震が起きると、確率はむしろ低いところの方が高いところよりも先に起きるのだったら、確率なんか意味がないと言われてしまいます。けれども、確率の低い場所のほうが地域としては広いので、それを全部合わせると、結局、どちらで先に起きるかわからないということも言えるわけ

です。

　特定の活断層に関しては、かなりわかっています。とはいえ、例えば内陸の活断層の場合は1000年に1度とか、2000年に1度ということがわかっている。だとすれば、スケールとして、今年起きるか、5年後に起きるか、10年後に起きるかの確率の違いはほとんどないわけです。

　東海地震とか、プレート境界で起きる地震は50年に1度とか、100年に1度とかであれば、もう少し精度がいいように見えます。

　それでも、例えば南関東地震は200年プラスマイナス30年とか、そういう範囲です。確率的に優位な差があるのならば、それを設計に反映すべきだけれど、いつ起きるのか、どの程度の規模なのかというところの幅はとても大きいので、それを実際の実務の中でどう反映するかだと思います。

　しかし、どのくらいの確率で、どのくらいの地震動のレベルなのかということには、やはり意味があります。個々の建物で、建築主がどのくらいの安全性を求めるのかという方針に対して、情報として明らかにしておくことは、とても大事です。

ところが、そのとても大事なことが、建築基準法からは見えません。海外の基準だと、確率の数字が全部見えるのです。その彼我の差こそが問題であり、建築基準法の耐震基準はガラパゴスだといわれる所以です。

　いろいろ考えていくと、建築基準法というのは内閣がつくった法律、閣法で、ずっと国土交通省の住宅局がお守りをしている法律です。今ある法律の下で動くのが行政で、その行政がお守りをしているのだから、いくら改正しても限界があります。行政官僚は、今ある法律に忠実でなければいけないので、法律を基本から変えようと彼らに言っても、そうしましょうと言うわけがありません。建設業法はじめ関連事項は多くいろいろな要素も絡むので、ますます物事が動かなくなってしまうのです。

2000年の改正が
もたらした弊害

　2000年の建築基準法改正にはいろいろな側面がありますが、十分な検討を経ずに、建築確認業務を民間に移行してしまったことも賛否両面です。当時新築件

数も多く、とても役所の人間だけでは手が回らなくて大変だし、法律に適合しているかどうかを確認するだけなら、何も行政がやらなくても、誰でもできるだろうということで、民間確認機関をつくったのです。今は確認業務の8割、9割を、民間確認機関が行っています。

その結果、行政にいる人たちに現場の知識がまったく集まってこなくなりました。民間機関は、建築はどのくらい安全であるべきか、その建物の周りの人にとってどういう影響を与えるかなど、考えません。あくまで業務として回すだけですから、法律に合ってさえいれば、なるべく早く判子を押して確認を出す。専門家のここはこういうふうに考えるべきだ、というような話は全部なくなってしまって、法律に合っているかどうか、それだけの話になってしまうのです。

そこを基本から変えていかなければならないと考えています。特に民間確認機関の問題は、まったく違う地域の機関、横浜の物件なのに東京の確認機関が行うこともあり、そうした場合、現地も見ないで確認するわけです。昔はそういうことはありませんでした。

建物を建てていいのか、どのくらいの規模で、どう

いう建物にするかということは、もちろん建築主が責任を持つことをベースとしています。さらに、行政がそういうものに対してきちんと評価したり、理解できるような仕組みにしていかなければいけない。しかし現実は、ますますそこから遠ざかってしまっています。いわゆる地方行政の中でも、建築課に、建築の現場を見ていない人、中身をわかっていない人がどんどん増えていることが、大きな問題だと思います。

「建築基本法」
というアイデア

建築基準法を変えるとすれば、国土交通省で立案して国会で議論することになります。しかし、今の法律を議論していても先が見えてきません。しかも、安全に関しても、法律が言うところの安全と、実際の安全には大きな差が出てきてしまっているので、本質的な議論をする必要があります。もっと科学的な、あるいは技術的な内容に対応できるような形で進めていくためには、法律で決める内容は最小限にして、そこから先の具体的なことは自治体が決めて、もう少しフレキ

シブルに対応できるような方向に持っていくべきでは
ないかと考えます。

　2000年に地方分権一括法が施行され、建築行政は地
方自治体の自治事務になりました。それ以前は、国の
委任事務だったのです。建築基準法で今までやってき
たことに対し、もっと建築の基本を法律に謳って、自
治体が具体的に率先して行政をやっていく、そういう
仕組みに変えていくべきだろうという結論に達したの
が2003年です。免震構造で有名な多田英之（1924〜　）
を中心に1年くらい議論しました。1998年の法改正で
建築学会から参考人として呼ばれたときに労を取って
頂いた小川勝也参議院議員（当時）にも加わってもら
いました。そして、その年の8月に建築基本法制定準
備会を立ち上げました。

　もともと私は構造設計をやりたくて、竹中工務店に
構造エンジニアとして就職しました。研究テーマとし
ては、最初は風の外力の評価です。設計する時は、風
の力がいくつだとか、地震の力がいくつだとか、最初
に計算しなければなりません。それが決まらなければ、
建物が安全かどうか計算できないわけですが、日本の
場合は、それが法律に全部書いてあるのです。

竹中工務店で仕事をしていた1970年代は、いわゆる動的応答計算などが初めて採用されるようになっていた時期で、超高層ビルだと、地震の揺れの記録をとってきて、その記録を照合して、建物がどれくらい揺れるかについては、計算によって確認することができるようになっていました。周期の長い建物だったら、あまり大きな増幅にならないということでやってきたわけです。でも、7、8階建ての建物で同じことをやると、ものすごく大きく揺れるので、計算上だとまったく建物はもたないということになります。

　会社にはそういう計算を行うツールもあるし、一応、参考のためにやっておきましょうみたいなことを、みんなでやりかけていた時期でした。しかし、1981年に新耐震基準が導入され、考え方が変わります。一定以上の力がかかると弾性を超えた塑性変形をするけれど、すぐ破断しなければそれでエネルギーを吸収するから大丈夫だと言って、構造特性係数のDs値を用いた新しい設計法が導入されました。保有耐力計算法です。

　新耐震基準導入の直前ぐらいの時期で、7、8階建ての建物は、普通の超高層で考えている地震動だと全

然もたないのです。法律に書いてある、この建物は安全でOKという話と、実際にはどうかという話には、ものすごく落差があると思いました。

1980年には、東大に戻りました。学生の時は風の研究だけでしたが、戻ってからは荷重全般の研究に取り組みました。地震のほか、積載荷重、建物の中にどれくらいのものが置いてあるかですが、そうした要因から生じる荷重も研究対象としてきました。

そうした荷重についても全部、法律で規定してあるのですが、実際にはどうなのかということと、それをどう判断して数字にするのかという部分は、研究としてはとても面白いのです。でも、研究によって新しいことがわかっても、法律で規定されているので、せっかくの発見を実際の建物に反映できないのです。これでは、研究のモチベーションが湧かないですよね。

これはちょっと問題だと、一般的なこと、標準的なことを法律に書くのはいいけれど、全部法律に従わなければいけないのなら、そもそも研究をやる意味がないじゃないかと思ってしまいます。

それぞれの地域に合った
基準が必要

　別の観点から言えば、建築基準法は全国一律の基準だということに問題があります。

　例えば建物の耐震性で言えば、地盤をどう評価するのかは一番大きなテーマです。今の建築基準法の中では一応、第一種地盤、第二種地盤、第三種地盤とありますが、実際にはそんな単純なものではありません。その地盤が、どれくらいの規模の地震が起きた時にどう揺れることになるのか、液状化することになるのかなどについて、専門家が判断する部分の割合をもっと多くして、法律の規定は最小限のところにしておかなければ、専門家の役割を果たすこともできないと思います。専門家が、もっと専門家としての役割を果たせるようにすることが大切だし、自治体も自治体なりに、そういう専門家の力を借りて、規制を自治体のやり方で決めていく。そういう仕組みに早く変わっていってほしいという思いがあります。日本中どこの都道府県の大学にも建築学科がある時代、研究者や専門家を自治体がもっと活用すべきです。

法律の問題というのは、住民運動とか住民紛争とか、マンションの問題とかで表に現れます。いわゆる集団規定といわれるものです。具体的には、ビル風とか日照権の問題が起きた時に、どう対処して周辺の人に納得してもらうかに関しては、建築基準法で書かれてしまうと、これだったら日照権は基準法に書いてあるから受認限度内なので文句は言えない、と決められてしまうわけです。

　場合によっては、日照権なんてどうでもいいと思っている人もいるかもしれないし、本来であれば、そういうことは法律であまり細かいところまで書けないはずです。ただ、それを法律に書いておくと、建物をつくる側からすると非常に便利なわけです。事前に計算もできて、建築申請を出せば必ずOKになると分かっているのですから。

　建築とは、本来そういうものではなかったはずです。建物の安全性などは、専門家がいて、ある程度、答えを出せるような部分はありますが、それに加えて、住民はどう考えているのか、町の将来はどうあるべきなのかということに、もっと意識を向ける建築行政が必要だろうと思います。

例えば、ヨーロッパでは、既存の町に新しく何かを建てるということ自体がもう、ありえないわけです。今ある状態よりも、もっと大きなものを建てるということは、周囲で生活している人にとっては迷惑なだけですから。そうすると、建てられないことが原則で、こういう条件をクリアすれば建てられる、近隣の人からも、これならば町もよくなるからいい、と理解を得た上で初めて建ててもよいということになるわけです。

　日本は建築基準法をクリアしている限りは、土地さえ持っていれば建てる権利がある、建てられることが原則になっています。こういう場合は駄目ですよという最低限のルールはあるにせよ、そもそも欧米とは正反対なんですね。戦後の私有財産権を重視した法律になっています。

　建築基準法は、終戦直後、とにかく建物を早く建てなければいけないという時期につくられた法律です。その法律を今でも使っているから、さまざまな矛盾が生じてくる。そこを基本から変えていかなければいけないのではないか。国は建物を建てるということに関しては、建てる人の権利だけでなく、周辺で生活している人たちの了解を前提としてやらなければいけない。

「建築基準法」から「建築基本法」へ

安全に関しても、専門家が責任をとるような形で十分なものにしなければいけない。それが基本だと考えています。このルールと、あのルールを守ったら、それで何でも建てられるというものではない。そもそもの法律の基本理念に関して、変えなければいけないというふうに考えています。

　法律が人間の生き方を規制している社会に対して、住む人、あるいは建築の専門家で住まいとは何かきちんと考えている人が、「法律で何から何まで規制するな」という声を、もっともっと上げなければいけないと思います。そして、そうした声こそが、建築基本法の基底となる大事な部分、勘所だと思っています。

　このことは、中村桂子の『こどもの目をおとなの目に重ねて』の中で、鶴見和子（1918-2006）の「内発的発展とは、地域に根ざしたものでなければいけない」との言葉が紹介されていたのを、最近読んで改めて強く噛みしめているところです。

「建築士法」の問題

　建築基準法と同時にできた建築士法にも、建築基準

法と不可分であるがゆえの問題があります。

　若くて建築を志そうとする人が一級建築士の試験を受けるわけですが、制度ができて何十年も経ってくると、困ったことも出てきます。当初はとにかく人が足りなかったから、なるべく一級建築士をたくさん生み出す方向で動いていたけれど、現在では、資格者が何十万人にも増大しています。新しく建物を建てる需要そのものは減っているにもかかわらず、大学の建築学科はたくさん作ってしまった。工学部の中では、電気や化学のようにお金のかかる実験装置がなくても製図盤があればよいというので、建築学科は新設しやすいというようなこともあったようです。大勢の建築学科の卒業生をみんな合格させたら困ったことになるというわけで、現在はだいたい10パーセント程度の合格率です。そういう合格率にするためには、法律の中の枝葉末節、とても細かいところを試験問題に出すわけです。それは大学の入学試験も同じですね。今後は、ますますそうなります。今や、受験産業が立派に育っていて、2つくらい大きな会社があるのですが、そこに100万円近くお金を払って勉強しないと、一級建築士試験に通らなくなっているという構造ができてしまい

ました。要するに問題集、傾向と対策ですね。そうい
う仕組みが産業として出来上がってしまうと、建築士
制度そのものを根幹から見直すという話がしにくくな
ってしまうのです。

　別の見方をすると、民間確認機関もそうですが、天
下りを受け入れて、本質的なことからかけ離れたとこ
ろで大きな経済を回す社会制度のための産業が出来上
がっている。本当の専門家とは何かということと、仕
事をしてお金を手にすることができる資格という現実
との間に、大きなギャップがあるのです。要するに建
築基準法の規定がどのくらい安全かということと、法
律を満たしている建物の実際の安全性に幅があるのと
同じように、一級建築士の資格を持っているというこ
とと、建築のことを本当によくわかっていて、きちん
としたものを作れるということの間に乖離があります。
いろいろな面で、さまざまな乖離が生まれてしまって
いる。一級建築士の資格を得た人は、何年かごとに講
習を受けなければならないという決まりはありますが、
お金と時間を使って講習を受けて、そこで資格を失う
人はいません。

持続可能社会に
マッチした法律にする

　敗戦から間もない、建物が足りなかった時代につくられた仕組みを、これからの人口減少時代、自然とどう向き合っていくのか、持続可能性が問われる社会において、どのように変えていくのか。これまでの仕組みは、人口増加・経済成長を大前提につくられていたわけですから、制度もやはり、これからの人口減少・安定経済社会に相応しいものに根本から変えなければいけないと思います。でも、それは行政がやることではありません。議会とか政治の力で変えていかなければいけないのです。そうしたことについても、建築基本法を掲げて突破口にできればと思っています。

　これまでにも、教育基本法をはじめとしていくつかの「基本法」はあります。まったく社会に影響を与えることができなかったものも少なくありません。例えば、バブル経済による地価高騰に対処するために1989年に成立した土地基本法には、「土地を投機に使ってはいけない」と書いてあるのですが、実際には土地の売買で金儲けをしようという現実があります。土

地基本法も、現状ではなかなか機能しない面があるけれど、建築基本法ができれば、その2つの法律が相乗効果を発揮して、もう少し機能するようになるのではないかという期待も持っています。

　また、景観に関しても、自治体が区域を指定して「景観地区」を規定すると、自治体で定めた景観条例に適合しないものは建築が許可されなくなります。景観の部分に関しては、今から15年くらい前から、いわゆる基本法的なものが存在しているのです。それを自治体の権限で運用し、専門家が個別に見て判断するような仕組みが既に出来上がっています。

　ただ、その仕組みも、建築基準法があることによって、なかなかうまく運用できないという現状があります。建築基準法では建てていいことになっているのに、なぜ条例では駄目なのかという話になってしまうのです。これが、建築基準法よりも、建築基本法のほうが上位にあるのだということになれば、景観法の運用ももっとスムーズにいくのではないかと思います。

　とにかく、建築基準法によって、国が全部、詳細なところまで決めてしまっていることが問題なのです。本来、自治体がやるべきことなのに、国のお節介が多

過ぎる。建築基本法をつくることで、国が決めるのではなく、それぞれの自治体が責任をもって決められるようにする。そうすれば、市民も自治体に対して、建築基本法に書いてあることをやっていない、決めていない、怠慢じゃないですかと言えるようになる。そういう形で運用されていけば素晴らしいと思っています。

　建築基本法とは、「宣言」みたいなものだと考えてもらうと分かりやすいかもしれません。具体的に規制をしたり、縛ったりする部分は自治体が担うのです。要するに、基本理念とか、関係者の責任については基本法で定めて、それに見合う形で、具体的な部分は自治体に決めてもらいたいということです。

　2003年に建築基本法制定準備会を立ち上げてから、さまざまな働きかけをしてきました。民主党が政権をとった時に、当時の馬淵澄夫国土交通大臣の発案で勉強会をやって新しい法律をつくりましょうという話もあったのですが、自民党が政権に復帰して振り出しに戻る、という紆余曲折もありました。建築基本法を議員立法にするためには、超党派の議員連盟がなければできません。そのために今も多くの議員と議論し、いろいろな話を進めてきています。

政治というものは、どこかでぱっと転んで、急にできてしまうこともあるし、全く動かないこともある。なかなか先が読めないものです。また、基本法さえ出来ればいいというものでもありません。具体的な部分は自治体の裁量となるわけですから、自治体の長が、国にお任せしますという姿勢なら、何にも変わりません。専門家にも、自分で責任をとるよりも、法律に書いてある通りにやりましたと言えるほうが楽だと思っている人が少なくない。そうした状況を見ながら、建築基本法の制定を発信し続けて、あっという間に18年目に突入しました。

第 3 章

一人ひとり
の
生活のための
建築

安田講堂

大きな転機となった東大闘争

　最近、全共闘運動に関わった人たちが書いたもの、例えば物理学の山本義隆（1941〜　）や社会学の折原浩（1935〜　）などの著作を読んで当時を振り返ることが時々あります。私は1966年に東京大学に入学しました。小学校、中学校、高校と平穏に過ごしてきて、60年安保の頃は、戦争に反対する気持ちはあったし、アメリカとの関係などについて思いを巡らせてはいたけれど、本当に自分としてどう考えるのか深く突き詰めるところまではいかなかったと思います。

　1967年の10月8日、佐藤栄作首相がベトナム戦争でアメリカを支援するために、羽田空港から南ベトナムへ出発します。私の地元の大田区では、これを阻止しようとした三派系全学連と機動隊が海老取川に架かる弁天橋で衝突し、京都大学の1年生が亡くなりました。翌月には、佐藤首相の訪米阻止を掲げた三派系全学連と機動隊が、京浜急行の大鳥居駅付近で約10時間にわたって衝突しています。

　私自身は、羽田闘争が起こった時は、学生たちにシンパシーは感じていたけれど、それほど身に迫るもの

があったわけではありませんでした。後になって、そんなことじゃダメなんだと痛切に思わされたのが、東大闘争です。始まりは1968年の6月に東大の安田講堂に機動隊が突入して、学生による占拠が解除されたことでした。この出来事は自分にとって大きな転機だったし、そういう人は他にも多かったと思います。

　1968年1月に、医学部の学生自治会が登録医制度（それまでは、学生は学部を卒業してから1年間無給のインターンを務めなければ医師国家試験を受験できなかった。登録医制度では、学部卒業後すぐに受験できるものの、合格しても当時の厚生省指定の病院で2年間臨床研修しなければ医師として登録されなかった。実質的にインターン期間の延長になる）に反対して無期限ストに突入します。3月に17人の学生が処分されて、そのうち1人は現場には居らず、誤認処分だったことがすぐに判明しました。これに抗議した医学部の学生が、処分撤回を求めて6月15日に安田講堂を占拠して、大学当局が導入した機動隊によって封鎖が解除されたのが6月17日。このことをきっかけに、私も含めて多くの学生が、「大学が抱えている問題」「教育のあり方」「学生であることの意味と、政治との関係」「経済成長がもたらす社会の歪み」な

どについて、他でもない自分たちの問題として考えるようになりました。当時、まるで押し入れに立て籠もった子どもを引っ張り出すのに、親が警察に「押し入れを開けてください」とお願いするような話だと思って、いくらなんでもおかしいだろう、こんな馬鹿げたことがまかり通っていいのかと、そんな心情が強くありました。

そして、7月2日に学生たちが安田講堂を再び占拠して、その3日後に東大全共闘が結成されます。あの時、仲間たちと議論していて、将来、自分たちは搾取する側にまわるんだ、世の中に出て行った時に搾取する側にまわるための教育をこの大学で受けてきたんだと、ようやく気がつきました。大学は真理を追求する場、権力からの影響は受けない場という綺麗事はもともとあったけれど、それが脅かされている現実に直面し、まさに自分事として問題視するようになったのです。

経済成長というと聞こえが良いけれど、実際には格差を生んでいたり、弱い者が切り捨てられている。そのことは、当時も我々は問いかけていたけれど、あれから半世紀以上を経て、今なおまったく同じ問題を抱

え続けているし、まったく解決できていないというこ
となのですね。

建築学科と全共闘

　工学部の1号館は、建築と土木が両方入っている建
物です。土木工学科はあまり全共闘の前面に出てこな
かった印象があるけれど、建築学科と都市工学科が頑
張って玄関を封鎖して、1号館は1968年の7月から
11月くらいまで学生が自主管理するようになりまし
た。そんな状況でも、何人かの先生が差し入れを持っ
て来てくれたり、話しに来てくれました。図書館を荒
らすことはなかったので、ステパーン・ティモシェン
コ（1878-1972）の『工業振動学』を借り出して勉強会
をやったり、安田講堂でも外部から講師を呼んで議論
したりしました。例えば羽仁五郎（1901-1983）を呼ん
でセミナーみたいなことをやったり、私も『都市の論
理』という彼の著書を読んだ記憶がありますし、助手
の宇井純（1932-2006）が水俣の公害研究を教授に疎ん
じられても頑張ってやっている、そんな状況だったの
です。

駒場をベースにした柏葉会合唱団のサークル活動は続けていました。教室は封鎖しても練習場は使えるようになっていたんですね。定期演奏会は結局毎年続けました。週に2回の練習の時には、全共闘が何を考えているのかを書いてガリ版で刷ったりして、サークルの中でも議論を試みました。

　5、6回はデモにも行きました。当時、正門の近くの11号館が建設中で、デモに行く時は、その工事現場から角材や鉄パイプを調達したりという話も聞きました。私は全共闘サポーターくらいの感じだったから、本郷の路上でスクラムを組んでいると、そんな感じの人間は前の方に出されるんです。機動隊に眼鏡を踏んづけられて壊されたこともあります。それはやっぱり記憶に残りますよね。ただ、後になって日大の全共闘について書かれたものを読んだりすると、東大に比べると圧倒的に学生たちが置かれた状況が厳しかったのだと痛感します。東大は恵まれていたんだなと。

　1969年1月18日、東大当局が警察の出動を要請し、8500人の機動隊が安田講堂などを占拠する学生の排除を始め、学生たちの激しい抵抗によって封鎖解除が翌日に持ち越されるも、19日の17時45分に機動隊が

時計台を制圧し、安田講堂のバリケード封鎖は解除されました。

　その年の4〜5月くらいから授業が再開されました。建築学科の全共闘は「断固粉砕」と言い続けていたのが、1学年40人のうちちょうど半分くらいで、彼らは留年して翌々年の7月に卒業。僕らは4年生の4月に授業に戻って、翌年3月に卒業しました。最後まで全共闘に付いていくことを選ばなかったグループなんです。今でも、クラス会で最初はみんなが集まるんだけれども、2次会、3次会と進むうちに、1969年の春に自分とは異なる道を選んだメンバーとは一緒にならなかったりします。

　ヘルメットを被っていた中には、後に大林組で社長になった白石達もいて、彼などは僕より先鋭的に頑張っていたんですけれどね。彼が社長の時に、建築基本法制定を応援してもらおうとして話をしたこともあります。その時、彼は「竹中工務店は、株を公開していないので、赤字の工事ができて狡い」みたいなことを言っていました。学生時代の思いをいまだに引きずっているか否かというのも、人それぞれです。3年生の途中で東大を見限ってアメリカに行って、しばらくし

て帰ってきて5年後に卒業した森繁なども仲間です。今も不動産開発のプロとしてアメリカで仕事をしています。学生時代はあまり近くなかったけれど、今は建築基本法制定や釜石市唐丹の震災復興プロジェクトで一緒にやっている西一治もその一人です。

　1968年に自分たちなりに悩んだこと学んだこと、人によって使う言葉は違うし、行動も異なるけれど、あの時に悩んだことをしっかり考えて後の世代にも伝えていかなければいけないし、自分たちとしても、将来に向けてどうしていかなくちゃいけないのか、自分なりに連続的に考え続けてきたし、これからも考え続けます。

宇沢弘文からヒントをもらう

　1970年前後に、工学系の分野は成長が見込まれていたこともあって、建築学科の学部学生の定員が40人から60人に増えました。それに伴って先生も増えますし、新たな建物も必要になるということで、正門の近くに工学部11号館が建ったわけです。そして、私たちは11号館が完成して最初の大学院1年生とし

て、その建物に住み始めることになります。

　1号館は左半分が土木で右半分が建築でしたが、11号館は下半分が土木で、上半分が建築。私は6階の加藤勉（1929-2013）教授の主宰する鉄骨系の研究室で2年間の修士課程を過ごしました。多少しこりはありましたけれど、全共闘のヘルメットを被った者も被らなかった者も、大学院に入ったら、それぞれ自分たちのテーマがありますし、学部3年生の7月から翌年の春まで授業を受けなかった時期を経験していたこともあって、大学院ではとにかく真面目に勉強しようという雰囲気があったように思います。

　それから約30年後の2003年、私が大学院にいた頃に助教授になった兄弟子の、建築基本法を一緒に議論していた秋山宏先生（1939-2019）が建築学会の会長になって、これからは都市問題について議論しなくちゃいけない、と課題を打ち出したことがありました。これには、東大の都市工学科は行政マンを育てるだけで、都市問題や都市デザインを解決する方向性を示せていないじゃないかという意味合いも多少あったと思いますが、建築学会としてこれから何を議論すべきか考える際に大事な視点だったと思います。

秋山先生も建築構造が専門なので、それ以前から都市問題を専門にしていた人たちの中には、構造の人間がいきなり何を言い始めるんだ、みたいな雰囲気があったり、秋山先生が一人で空回りしてしまったような面も無かったわけではないけれど、逆にとても良かった面もありました。グループで議論したり、本を出したり、シンポジウムをしたりと、非常に建設的な活動を展開されたように思います。

　その一連の取り組みの中で、2005年くらいだったと思いますが、経済学者の宇沢弘文さん（1928-2014）に建築学会に来てもらって、それほど長い時間ではなかったけれどお話しいただいたことがありました。この機会は、私にとってすばらしい出会いでした。もう大感激して、これは、この人が書いたものは絶対に読まなきゃいけないと思って、宇沢さんの著作を何冊も一所懸命に読みました。直接お会いしたのはその時だけです。

　新自由主義の祖であるミルトン・フリードマンがシカゴ大学で宇沢さんの同僚であったことも実に興味深いわけですが、マネタリズムと市場原理主義を唱えたフリードマン率いる「シカゴ・スクール」が台頭し始

めた 1968 年に、宇沢先生はシカゴ大学から東京大学に移籍します。その後、東大闘争が終わって、宇沢先生が東大の経済学部長だった頃の逸話だと思いますが、パリ大学の学長が来日した時に、「カルチェラタンの後、フランスでは大学が国の管理下に置かれて大学の中の自由も萎縮してしまい惨憺たることになったが、それに比べて東京大学は何も変わっていませんね」と言われたことがあったと。それを受けて、宇沢先生は、「一時期まで大学の自治は保たれていたけれど、その後、独法化問題で大学を国立大学法人化する流れができた。今は、その枠の中で予算が削減されたり、定員が減らされたり、予算のコントロールに関して文科省の締めつけが強くなってしまった。あれだけ 1970 年代に大学が持ちこたえていたことが、今はあっさり覆されてしまっている」と発言されたのを聴いて、自分も大学の中にいるから、本当にその通りだと、ものすごく共感を覚えたわけです。宇沢さんのお話には、さまざまな点で非常に触発されました。

社会的共通資本と
建築制度

　お話を伺ったのが、ちょうど建築基本法制定準備会を立ち上げて間もない頃だったこともあって、建築制度を変えていくにあたっては、現在の、建築確認という、法律に合致していれば、建てることが自動的に許可されてしまう仕組みそのものに問題があると私は思っていたので、制度と社会の関係のあり方などについて、宇沢さんのお話と書かれた本は実に示唆に富んでいたし、自分が取り組んでいることと照らし合わせて響く点がとても多かったのです。

　宇沢さんが構築した『社会的共通資本』の経済学についても、短い時間の中で要点をうまく掻い摘んで話してくれたのですが、ゆたかな自然環境、自動車社会、都市と住居の問題、教育制度の問題、医療制度の問題など現代社会の根幹に関わる部分、ゆたかな社会を実現させるために必要な社会的装置、それが社会的共通資本だということ。つまり建物とか財産だけが資本なのではなく、あらゆる制度もまた社会資本そのものなんだというわけです。その中で専門家が果たすべき役

割についてとても考えさせられたし、建築が本来的に社会にとって役立つためには、専門家が発言していかなくちゃいけないんだと、非常に勇気づけられました。

　建築制度そのものが社会資本なので、それは自分たちが創るべきであって、これを本来の建築の価値で評価される制度にしなければならないと決意を新たにしました。

　宇沢さんは、水俣病研究の「不知火海総合学術調査団」の一員に加わったり、成田空港反対闘争で三里塚の農民から要請されて、反対派住民と国との仲裁役の「隅谷調査団」に加わりました。私も1960年代に学生だった頃、水俣や三里塚について議論したことはありましたが、そこまで深く入っていけなかった。その反省も込めて、その後、石牟礼道子（1927-2018）の著作なども読むようになりました。

　1970年前後に問われた問題が今なおまったく解決していない、国が一度決めてしまったことは二度と変えない、そんなことで社会がうまくまわってゆくわけがないと思うのですが。

　市場経済を考察する際に、いかに「社会的な観点」を確保するのか常に注意を払っていた宇沢弘文の姿勢

を想起しながら、ふと私が大学院を出て就職した竹中工務店にいた時に耳にした、戦前戦中の同社にまつわるエピソードを思い出しました。当時の竹中工務店は、軍の工事を国から受注するよう指示された時に、「言い値では仕事できません、民間と同じだけお金をいただかなければ質の良い建物はできないので」と言って軍の仕事を断ったことがあったそうなんです。質を担保するためには、相応のお金をいただかなければできない、とはっきり示すことが会社の方針としてあったということです。もっとも最近は、赤字で工事を取ったりすることもあったようで、ずいぶん状況が変わってしまったと思いますが。

　建設業というのは儲けられる時にとにかく儲ければいい、後々仕事がもらえるんだったら、先ずは安くても赤字でも引き受けて、という部分がまだまだあるんですよね。そうすると建物を建てるってどういうことなのか、という本質ではない部分で仕事が行われる、結果的にそれが質を落としてしまったり、見落としが起こったり、現場で作業する人が怪我をしてしまったり、そういうことにつながってゆく。

　経済成長、経済成長と唱えることで社会が良くなっ

たり、住みやすくなったりするわけじゃないと、私は
すごく思うので、そのへんは議論を続けてゆくしかな
いと思います。コロナ禍を経て、経済成長がすべてじゃ
ないという点では一致できる余地が広がったように
は思うけれども、経済成長に軸足を置いて勝ち組にな
りたいと思っている人を否定するところまでなかなか
いかないんですよね。政治的な議論として、その辺が
難しいところだなとつくづく思います。

　「建築と宇沢弘文」ということで最後に想起するのは、
1983年に宇沢さんが文化功労者に選ばれて、同じ年
に文化勲章を受けた建築構造の泰斗・武藤清とともに
宮中に招かれた時の、建築学者・武藤清と昭和天皇の
対話、経済学者・宇沢弘文と昭和天皇の対話について、
宇沢が書き記しています。

　武藤は、日本初の超高層ビル・霞が関ビルを設計し、
超高層ビルの設計にあたって地震エネルギーを吸収す
る柔構造の理論を確立した高名な建築学者ですが、そ
の武藤に対して、昭和天皇は身を乗り出して「君、地
震のときは、上の階にいる人はたいへんだそうだよ」
と言い、武藤氏は「建物は大丈夫です」と答える。し
かも、そんなやり取りが3回ほど繰り返されたという。

それに対して、宇沢が「社会的共通資本」の考え方を一所懸命説明していたら、昭和天皇が途中で遮って、「君！ 君は、経済、経済というけど、人間の心が大事だと言いたいのだね」と語りかけられて、当の宇沢が感激したという逸話は、とても印象に残っています。

釜石市唐丹町が呼び覚ます
歴史的な感興

　東日本大震災の後、私が釜石市唐丹町の復興プロジェクトに携わってきたことは、本書の第6章で述べますが、唐丹町の自然が素晴らしいのはもちろんのこと、この地に息づく実に豊かな歴史資源にも驚かされることの連続です。

　江戸時代は伊達藩領の最北端にあたり、貿易港として栄えました。すぐ北に南部藩の領地が迫っていたので、周辺に建てられた両藩の城から、唐丹湾を出入りする船が見張られていたといわれています。

　唐丹は、リアス式海岸の典型的な地形で、実測による日本地図を初めて作った伊能忠敬（1745-1818）も三陸沿岸を測量するために訪れていて、そのことを記す

「測量之碑」があります。忠敬と親交があり、この碑を建立した葛西昌丕（1765-1836）という人物は大変な傑物で、天文学、歴史、和歌に精通し、多くの子弟を育てました。天保の大飢饉の際には、有力者から米や資金を集め、貧しい人々を日雇いし、小白浜から荒川に通じる新道峠（清水峠）の普請を行ったことが今なお語り継がれています。

　また、柴琢治（1865-1947）という人物は、1896年の明治三陸津波の際に、自宅を救護所として開放するなど被害者を救済するために奔走し、その後も避難で苦しむ村民を助けるために、国有林を無断で伐採するなどの非合法手段に訴えて投獄されたこともある義侠心の持ち主でした。

　そして、唐丹が生んだ多くの魅力あふれる人物の中で、私が惹かれるもう一人が、1955年に釜石市長になった鈴木東民（1895-1979）です。実は、柴琢治は鈴木東民の叔父でもあり、東民はこの義侠心漲る叔父から絶大な影響を受けています。

鎌田慧著

『反骨──鈴木東民の生涯』

　鈴木東民の存在を知ったのは、唐丹の復興支援を始めて9年が過ぎた頃のことでした。きっかけは、「釜石学による地域づくり in 唐丹 報告書」（平成13年度）に目を通していたら、「鈴木東民と国際結婚」という項目があって、一体どんな人だったのだろうと俄然興味が湧き、ルポライターの鎌田慧さんが鈴木東民の人生を実に丹念に辿って活写した『反骨──鈴木東民の生涯』（講談社文庫）を入手して、それこそ貪るように読みました。また、東京大学の宇野重規（1967〜 ）も、「釜石市長としての鈴木東民──〈地域に根ざした福祉政治〉と〈開かれた土着主義〉」という論文を、2008年に東京大学社会科学研究所の論文集に寄せています。

　非常に規模の大きい一揆として知られている、2万人近い百姓が加わった、1853年に起きた南部三閉伊一揆の指導者の一人、三浦命助（1820-1864）も釜石の栗林村（当時）で生まれ育った人物です。鈴木東民は、葛西昌丕、三浦命助、叔父の柴琢治が体現した生き方、故郷の土地で脈々と受け継がれてきた、自分たちの生

活を守るために自ら立ち上がり、自分たちの力で苦境を打開するために死力を尽くす先人たちの生き方を自らにも課した人物だったように思います。

　鈴木東民は、1910年、幸徳秋水（1871-1911）をはじめとする社会主義者が弾圧された大逆事件に大きな衝撃を受け、これが政治に目覚める大きなきっかけになりました。第二高等学校時代には吉野作造（1878-1933）に私淑し、東京大学では経済学部で大内兵衛（1888-1980）に師事してマルクス主義経済学を学びました。元々、東民は、幸徳秋水の弁護人を務めた平出修（1878-1914）に傾倒して弁護士を目指していましたが、『東京大学新聞』の前身である『帝国大学新聞』での活動を通して、ジャーナリストを志すようになります。卒業後は大阪朝日新聞に入社しますが、3年後には日本電報通信社（現在の電通）の海外留学生募集に応じて、吉野作造の支援も得てベルリン特派員としてドイツにわたり、ヒトラーの台頭を目の当たりにしています。

　ドイツでは果敢にファシズム批判の論陣を張り、ドイツ人女性と結婚して娘も生まれました。ヒトラー政権を批判した廉でベルリンから追放された東民は、帰国後は読売新聞に外報部次長として迎えられています。

読売新聞の紙面でも反ナチスの論陣を張り、当時の駐日ドイツ大使が危険視したことによって休職を余儀なくされ、岩手県に帰郷しました。

終戦直後に読売新聞に復帰し、読売争議では、闘争委員長、労働組合委員長として、正力松太郎をはじめ会社の首脳陣と対決し、一時は編集権を奪取するほどでしたが、GHQの占領方針が変更した影響もあり、解雇され、運動は敗北に終わっています。

その後、岩手県知事選、衆議院選での敗北を経て、釜石市長に当選したのは、1955年、彼が60歳のときでした。実は、1896年の明治三陸津波からの復興に尽力した東民の叔父・柴琢治が、復興の資金として、村有林の一部を当時の釜石鉱山田中製鉄所に売却し、その後、三井農林の所有となったのですが、この山林の返還を求める運動が、東民が釜石に戻るきっかけになりました。市長選では、三井農林相手の土地開放運動の先頭に立って戦ったことが幸いし、合併直後の甲子村や唐丹村・鵜住居村の票を集め、現職を破って当選を果たします。

市長を務めた3期12年で、釜石製鉄所の固定資産税を上げて市の財政を立て直し、公害対策を進めるな

ど先進的な取り組みの数々には目を見張るものがあります。とりわけ道路や学校など地域社会の基盤を整備し、自らの発案によって創刊した『広報かまいし』を通して、積極的に市民の声を吸い上げようとしたこと、女性や若者など、それまで発言の機会が与えられてこなかった人々、主流派から排除されてきた人々の声をすくい上げる努力を惜しまなかったことは特筆すべきです。また、1958年には、戦後の闇市を整理するために橋上市場を建設。釜石市の中心街を流れる甲子川に長さ109メートルの大渡橋が作られ、2本の細い通路の両側に約50店、野菜、鮮魚、水産加工品、食堂など三陸の海と山の幸から土産屋、日用雑貨店が並びました。釜石の戦後復興の象徴として観光名所にもなり、全盛期には1日に1万人が訪れるほどの賑わいでした。これは、ヴェニスのリアルト橋をまねたのだと思います。

　もっとも地元の経済主体として圧倒的な存在感を誇示していた釜石製鉄所にとっては、目の上のたんこぶのような市長だった鈴木東民。4度目の市長選挙では、労働組合をも敵に回したこともあって落選してしまいます。

その後、市議として1期務めるものの、市民の気持ちは、高邁な地方自治を求めるよりも釜石製鉄所に依存して経済を優先させること、民主主義を深化させるよりも村社会の付き合いを温存させることに流れ、東民は孤立して釜石を去ることになってしまいます。激しやすく、直情的で、敵を作ってしまいやすい、そんな東民のキャラクターも孤立を深めてしまう一因だったのかもしれません。それでも、亡くなる直前まで、筆を絶つことなく、公害問題に取り組む運動を支援し、1970年代には学生運動にもエールを送っています。

鎌田慧さんとの邂逅

　鎌田慧さんの『反骨——鈴木東民の生涯』、自分も過ごした1960年代〜70年代くらいのことを思い起こしながら、その時、釜石では何が起きていたのかを想像して読みました。「大資本に身を委ねることで人々にとっての本当の豊かさが生まれるわけではない」、「国に対峙して初めて自治体が機能する」、そのようなことを深く考えさせてくれる書物です。現在、釜石の人たちと話をすると、鈴木東民についてはあまり触れ

たくないと思っているように感じたりします。それでも、東民が深く関わった釜石の過去は、これからの釜石のあり方に多くの示唆を与えているし、むしろ未来の釜石にこそ東民の遺志を生かせないものだろうかと思ったりするのです。地方自治の基本として鈴木東民から学ぶべきことは多いと思います。

　実は、2020年10月25日に、大田区の池上会館で鎌田慧さんの講演会が開催され、その後半パートで、1時間ほど私も対談させていただく機会がありました。その2カ月前に、フェイスブックに『反骨——鈴木東民の生涯』の読後感を書いて、著者の鎌田さんに是非お会いしてみたいと思っていた時に、ふと鎌田さんと大田区議の奈須りえさんとのツーショットポスターを見たことがあったと思い出し、奈須さんにお話ししたら、場を設けていただけることになって実現した次第です。しかも、その2日前に私が出席した、鉛筆画の鬼才・木下晋さんの自伝『いのちを刻む』の出版記念会で、鎌田さんは発起人に名を連ねていて、名刺交換させていただく偶然もありました。木下晋さんは、私が東大に在職中に、建築学科の絵画の非常勤講師を務められていて、展覧会などにもよく声をかけてもらっ

たりしている方です。人と人との不思議なつながりが
なんとも幸福に感じられて、講演会の当日を迎えるの
が待ち遠しく、何日か前から高揚した気持ちで過ごし
たほどです。先に引用した中村桂子さんも発起人の一
人でした。

　講演会には20人くらいの参加者があって、ジャー
ナリスト志望の学生や、31年前に発売された頃のハ
ードカバーの初版本を持ってきた熱心な鎌田ファンも
いらして、会場の熱気を感じながら、鈴木東民という
素晴らしいジャーナリストで、かつ釜石の市長として
公害対応、福祉・教育こそが自治体の役割と見定めて
力を尽くした人物が、どうして世の中に広く知られて
いないのだろうと改めて思いました。

　私より9つ年上の鎌田さん。まだまだお若くて、ル
ポライターとして様々な媒体に連載や執筆をされてい
ます。なにしろ、1980年の3月に唐丹町の盛岩寺で執
り行われた鈴木東民の葬儀に参列され、その後、東民
の夫人ゲルトルードや娘マリオンに直接話を聴いてい
る方ですから、その鎌田さんとお会いすることができ
て、お話しさせていただいたことは、私にとって人と
人がつながる印象深い時間になりました。

講演会からの帰り道、清清しい気持ちで東急池上線の池上駅まで歩くと、かつての古びた平屋の駅が、どこにでもあるような、大きな駅ビルに生まれ変わっていました。東急電鉄と大田区との合作ということですが、ある意味では、大田区の税金が東急の利益に流れているという見方もできます。大田区にとって、東急電鉄はありがたい経済主体であることは事実でしょう。釜石にとって製鉄所がありがたい経済主体であったのと同様に。しかし、そのような大きな経済主体のために、福祉や教育の予算が削られてしまうのでは、いったい誰のため何のための大田区か、誰のため何のための釜石市かと、その日は同根の問題を見た思いで、家路につきました。

第 4 章

阪神・淡路大震災の衝撃

阪神・淡路大震災で倒壊した家屋

ノースリッジ地震から
1年後の同じ日に

　1995年は、1月から3月まで客員教授としてスタンフォード大学にいたので、阪神・淡路大震災が起きたとき、私は日本にいませんでした。発生から1カ月後にスタンフォードの人たちと一緒に通訳も兼ねて現地調査に入りました。

　この地震の一番のインパクトは、構造技術者よりも、一般の建築設計者の人たちが、地震とはどういうものなのかを学んだことだと思います。真面目に建築をやろうとしている人が、構造の技術者ときちんと向き合って仕事をしなければいけないと思った。そういう教育的な役割が大きかったのではないかと思います。

　この後、たしか国会でも、建築基準法はこのままでいいのかという議論がありました。その時は、岡田恒男先生が様々な問題について答弁をする立場にあって、「1981年の新耐震以降の建物に関しては被害も比較的少なかったし、これ以上、耐震のレベルを上げる必要があるということではないだろう」と答弁されたように記憶しています。それが、98年の法改正の時に、

建築基準法のレベルとしては、今までより安全性のレベルを上げる必要はないとの判断につながったと思います。

　一方で、高速道路が横倒しになり、土木技術者にとっても大きな衝撃だったようです。片山恒雄先生は、ちょうど1年前の1994年1月17日に起こったノースリッジ地震（ロサンゼルス近郊のノースリッジを震源とするマグニチュード6.8の直下型地震。死者60人以上、建物の倒壊、高速道路の橋桁の落下などの被害をもたらした）の被害状況を見て、「日本ではこういうことは起こらない」と報告されていた。

　建築基準法は、81年の改正で、自重の0.2の水平力で強度設計を行っているけれど、例えばその5倍の大きな揺れがきても、変形することによってエネルギーを吸収する保有耐力の概念を基準法の中に組み込んでいたのです。これは34頁に書いた「新耐震」のことです。その時に、土木はそれをしなかった。ある限界を超えると倒壊してしまうということを目の当たりにして、その後、こんどは土木は建築よりも倍の、建築が1Gならば土木は2Gでも大丈夫なようにと外力の割り増しを導入しました。ところが、耐力のほうも2

倍にしたので、結局同じじゃないかと思っているのですが。

　土木と建築では、荷重の評価のところまでは構造物が違っても本当は同じはずなのに、基準としては縦割りで全然別のことをやっているのです。そこは、もう少し統一できるはずだと思います。同じ国土交通省の中でも土木と建築は別々の政策・対策の運用になっているようです。それは大学でも土木と建築は別というのと同じですが。

　私は阪神・淡路大震災の直後に、何をもっとやらなければいけないのかと考えました。地盤の評価については、建築基準法はまるで不十分で、その点について、以後はどういう形で扱うのがよいか、気になるところです。これは多くの専門家の共通の認識でした。

　阪神・淡路大震災に限らず、埋め立て地などでは、地震の加速度は小さいけれど、地盤が液状化してしまうという問題があります。神戸の場合もポートアイランドや六甲アイランドでは同じ現象が起きました。一方、陸側では、山側に向かって沖積層がだんだん薄くなっていくので、そういうところでは特殊な、二次元的な増幅が出ていたりします。遠浅の砂浜で波がだん

だん大きくなるのと類似の現象です。そういった部分まで は、法律ではとても書けません。一つひとつの建物について、一人ひとりの専門家が関与することができる、新しい知見を活かせるような仕組みにしていくべきだろうと思います。

　もちろん、施工絡みの問題もあります。超高層ビルも、それまで阪神地区は地震があまりこないということで、東京の基準の8掛けの荷重でいいとされていました。竹中工務店の構造のトップにいた人が、「8掛けでいいということを信じていたけど、そうじゃなかったんだとショックを受けた」というように仰っていました。でも、実はそれもちょっと違う。8掛けだからということで倒壊してしまった建物は無かったと思います。8掛けだからダメという単純な問題ではないけれど、法で決まっている数字を正しいと信じてしまうということが、専門家にとっても落とし穴になっていることを、阪神・淡路大震災は教えました。どのくらいの規模の地震を想定して設計するかに関して、基準のレベルを上げれば壊れるものは減るけれど、最低基準というものをどの程度に設定すべきなのか、どうやってコンセンサスをとるのか、ここが一番難しい問

題です。日本全国一律はありえないと思います。

安全性をどう評価するか

　阪神・淡路大震災に関するさまざまなデータ、被害記録や倒壊の統計的なデータなどを入手して、私なりに整理をしてみました。日本の建物の耐震安全性というのは、400ガル^注程度の地面の揺れに対して、建物が増幅して2.5倍くらいになると1G（1,000ガル）くらいになる、そういう揺れに対しても倒壊しないということが、建築基準法の最低基準、建物にとっての標準的なレベルになっています。しかし阪神・淡路大震災の場合は600ガルくらい、要するに5割増しくらいの揺れの地点がかなりあって、それなりの被害が出ています。そうした地点で調べると、家屋の大破・倒壊はだいたい5％くらいでした。

　本来であれば、倒壊と大破は区別すべきです。倒壊したら、中にいた人は死んでしまうかもしれない。大破しただけなら、大きく傾いただけで潰れているわけ

注：ガルは加速度の単位でcm/s²のこと。980ガル（約1,000ガル）が重力加速度の大きさ。

ではないから、中にいても生存できる可能性がかなりあります。建築基準法では、倒壊しないために400ガル程度という想定をしているので、被害についてのくくり方がそれ以上に対しては「大破・倒壊」となっているのです。どうして、そこを分けないのか、被害調査のまとめ方で気になるところです。

　大破・倒壊が5％。そのうち倒壊が3分の1とすると、全体の1.5％くらいということになります。さらにそれが、1981年の新耐震基準の後にできた建物ですと、だいたい3分の1くらいになるので、全体の0.5％になります。ということは、建築基準法で考えているレベルの地震動の1.5倍の地震動がきても、倒壊するのは0.5％である。これが今の日本の耐震基準だと解釈しています。

　それをもっと安全にすべきだと思うなら、もっと高いレベルにすればいいし、もう少し低くても仕方ないと思うのなら下げる。そのあたりの議論を、98年の法改正の時に活かすべきだったと思います。そういう確率の話はわかりにくいと言われたりすることもありますが、0.5％は、例えば1,000棟の建物があるとすれば、倒壊するのは5棟です。決して少ない数字では

ありません。そのように考えれば、一般の人にも理解できる話です。自分たちの町では、もっと高いレベルの設計にしましょうということであれば、0.5％ではなくて0.1％にするとか。そんなふうに、それぞれの自治体で規制を検討できるような仕組みになっていくことが望ましいと思います。

なぜ建物の中間層が
潰れたのか

　阪神・淡路大震災における建物の被害では、例えば神戸市役所は6階部分が潰れてしまいました。新耐震以前の建築基準法の地震力というのは、高さ16メートルまで震度係数0.2一定で、そこから直線的に増える形のものでした。折れ線の形で力が分布するというのは不自然です。実際はなめらかに増えていきます。だから、16メートルの部分が一番弱くなるわけです。それで中間層が潰れた。これは人為的要因です。

　もう一点、鉄筋コンクリートには、中に鉄骨を入れる鉄骨鉄筋コンクリート造というものがあります。建設資金を節約するために、例えば10階建てだと全部

には鉄骨を入れずに、下の階だけに入れるということを行う。1階だけということではなく、12mくらいの鉄骨を持ってくるので、3、4階くらいまでは鉄骨が入ります。だから、その上に亀裂が入る。そういう人為的な不連続があったのです。

普通ならば1階で潰れます。それなのに5階、6階で潰れている建物がたくさんあった。人間が勝手なルールをつくって、そのルールがあったことにより、建物が特殊な壊れ方をしてしまった。これなどもルールを決めることの弊害と言えるのではないでしょうか。1階が潰れなかったという意味では最低基準としての役割は果たせたとも言えますが。そして何よりも早朝の出勤前で潰れた階に人がいなかったというのは、不幸中の幸いです。

地震保険の矛盾

阪神・淡路大震災の後、アメリカから損害保険のコンサルタントなどが大挙して日本の状況を見に来ました。ノースリッジ地震の時、アメリカの保険会社は地震保険の支払いを巡って相当大変な状況に追い込まれ、

潰れた会社もだいぶありました。日本ではノースリッジと同じ規模かそれ以上の地震で、こんなに建物が壊れないのだったら、日本で地震保険を販売しても大丈夫じゃないかという話があったと聞きました。要するに、きちんと法律を守って、しっかり施工されていれば、基本的には壊れないということです。もちろん被害はたくさん出たのだけれど、きちんとやっておけば大丈夫なんだということがわかったから、それならもっと地震保険を安い掛け金でできるのかなというような印象を与えたようです。

　結局その後、地震保険を掛けるべきとの声が日本でも高まったものの、それも一律でやってしまった。基準法を満たしているところの額でいうと、私たちが計算している倒壊の確率からいえば、3倍も4倍も高い掛け金になるのです。もちろん法律を満たしていても、地盤の条件が悪かったりすると、倒壊してしまう可能性もあります。

　そうすると、いい建物を設計すると保険料が割高になってしまうから、安全な建物をつくれば保険に入るのは損ということになります。安全な建物に対しては、保険料を下げてくれればいいのですが、そういう体制

ができていません。安全な建物の所有者が保険に入らないと、保険会社としては、保険料を高めにしておかなければいけないということになってしまいます。日本の保険料率の決め方自体が、損害保険料率算定機構という組織があったり、まだまだ国主導で右にならえになっています。保険会社が一つひとつの建物を見て、この料率にしましょうとやってくれるのならいいけれど、どうしても一律になってしまうわけです。

　ただ、地震ハザードの部分に関しては、基本的に確率をベースにした料率算定になっています。それに対して、建物の耐震性に関しては、建築基準法をベースに1.5倍とか一律に決めてしまっています。保険会社が専門家を雇って、建物の個々の違いを評価し、きちんと反映させなければ意味がないと、強く思っています。

第 5 章

耐震偽装問題とは何だったのか

傾斜マンションと報じられた建物群　　　　　　　　建築ジャーナル編集部提供

そもそも危険なことを行っている
という意識があったのか?

　2005年に発覚した、一級建築士による構造計算書
偽造事件は、マンションやホテルの耐震性が偽装され
たとして、大きな社会問題になりました。

　問題になった建物の建築主とは、不動産会社のヒュ
ーザー、デベロッパーでした。構造設計をした姉歯秀
次は、彼なりに知識を持っているから、マンションな
りアパートを設計する時に、1平方メートル当りの鉄
筋量はこのくらいでと決められる。それは設計の仕方
とか、構造の形式によってずいぶん違いますが、一番
小さい数字を持ってきて、これでやってくれと言われ
ると少し困ります。姉歯がどのくらい優秀な設計者だ
ったのかはわかりませんが、一般的に、少ない鉄筋量
ではなかなか建築基準法の計算に収まらないわけです。
ぎりぎりの数量で設計しておいて、申請を出して、ち
ょっと足りない分は後で直そうと思っていたのかもし
れない。後で直すからと言っていたのに、建築確認が
おりてしまった。そんなことがあって、これはあまり
きちんと見られていないと思ってしまったのか、その

後は、もう十分丁寧には行わずに、地震力を減らし、鉄筋も少なめでと進めてしまったということではないかと想像しています。

　実際に発覚したのは、5、6年経ってから、何十棟も出来てしまってからです。この事件は民間確認機関に移行する直前からのことで、大田区の確認事例が最初だったように記憶しています。イーホームズの藤田東吾が著書『月に響く笛　耐震偽装』に、いきさつを書いています。国交省の担当者の名前も実名で出ています。国交省に相談に行って、表に出て大騒ぎになった。最後、責任を取らされたのは告発した会社です。民間確認機関でも建設業がお金を出している会社とか、電力会社がお金を出しているところがありますが、イーホームズだけは自分たちで独自にやりたいという腐れ縁のない会社、一番潰しやすい会社だということで、国土交通省が潰した形になりました。当初は告発された建築確認を多く出したERIがもうちょっと責任をとらされるところでした。そんな、政治との絡みも窺える事件でした。

　本当に姉歯さんに聞いてみたいと思っているのは、そもそも危険なことを行っているという意識があった

のか、それとも建築基準法に書いてある基準を信じて、少し減らすくらいはいいだろうというような感覚だったのか、ということです。地震力がない場合の、風圧力や積載荷重に対する設計は、一応、それなりにされていたと思うし、建設後、震度5くらいの地震もありましたが、特に姉歯が関わった物件が大きな被害を受けたという報道もありません。逆に、コンクリートの中の鉄筋が少ないと、コンクリート打設にとっての条件はよくなります。鉄筋があまり密に入っていると、コンクリートがしっかり充填されないというケースがあるのです。もしコンクリートがしっかり打てていれば、案外捨てたものではなかったのかもしれない。取り壊すかどうかの判断は、法律を満足しているかどうかだけでなく、コンクリートの品質や地盤の条件など実態を評価して行うべきだと思います。

法律がダブルスタンダード
になっている

保有耐力計算で0.5の保有耐力しかないのはまずいから取り壊すと、当時はあたかも国交省が言ったよう

な話になっていましたが、実際には誰が言い出したのか分かりません。一番問題だと思うのは、とにかく0.5以下のものは危険だし、取り壊すという方向に話が走ってしまったことです。本来であれば、一つひとつの物件を評価して、地盤はどうなのか、コンクリートはきちんとコア抜きして強度がどのくらい出ているのかなど、全部評価して点数をつけて、その上で、この建物はどうするのかと判断すべきです。法律の保有耐力の数値の0.5倍しかないから取り壊すことが望ましいと国が言ってしまったら、不動産価値がゼロになってしまうから、それなら壊しましょうということになります。それも一種の風評被害です。

　国交省の対応は、あまりにも法律至上主義というか、そこで暮らしている人たちの生活については全然考えていない。本当にどのくらい安全かということには目をつぶって、法律に書かれている数字だけで対応しています。しかも、2000年に限界耐力計算という新しい計算法を告示で付け加えていた。それは性能規定化ということと関連しているのですが、私の考えでは、性能規定に基づく設計というのは確率的に地震動の強さがどれくらいかということから説き起こしています。

日本の耐震についての性能設計は、もともと水平震度0.2の水平力をベースにしています。地盤によって違うことを取り入れるといって、一応、地盤について、例えば基礎から堅固な地盤のある20メートルとか30メートルに関しては、簡略法で地盤の解析をする。

　要するに力の定義、建物に加える力を、直接ではなくて、基礎の下の地盤のところから定義して計算するというやり方で、限界耐力計算という計算法を導入したのです。地上の建物についても、実際には10階建てならば10層分のいろいろな揺れ方をするわけですが、それを全部大きな塊と見て、1つの質量の塊と1つのバネに置換して（1質点系と呼んでいます）、弾性を超えたらこのくらいの変形になるというようなところまで計算するという、限界耐力計算法を導入しました。

　そうすると、地盤によっては、それまでの保有耐力計算の時よりも、半分くらいの耐力でも維持できる場合が出てくるのです。それをうまく使って、特に大手ゼネコンは限界耐力計算を根拠にして、鉄筋量もコンクリートも減らしてつくっていたということもありました。それを姉歯物件に当てはめると、保有耐力計算では0.5だけど、限界耐力計算でやれば1を超える場

合もありえて、ほとんど問題ない建物もあったのです。でも法解釈としては、計算は許容応力と保有耐力でやっていて、それが0.5だったら法律違反になるということです。

　限界耐力計算を用いれば、姉歯物件でもOKになる。そうなるとまずいということで、限界耐力計算にも色々な項目を付け加えて、そうならないようにしたら、今度は限界耐力計算が使われなくなってしまったのです。

　法律そのものがすでにダブルスタンダードになっている。そもそも、その辺りの議論も十分にせず、橋本・クリントン会談の後に、いきなり法改正ということになってしまったものだから、5年後におかしな問題が起きた。さらに、その尻拭いみたいなことをやったが故に、限界耐力計算という良いものが作られたにも関わらず、けっきょく使えなくなってしまったという、様々に捻じれた非常に不幸な状況になっています。

構造計算適合性判定
とピアチェック

　NHKテレビの深夜番組「ど〜なった!?　あのジケン」という、4、5人で討論する番組で、姉歯事件を取り上げたことがありました。東大の教え子の一人、菊川怜も出演していました。久しぶりに会って建築工学の話ができる、番組そのものは良い企画でした。私も、保有耐力計算と限界耐力計算で異なる数字が出ることや、姉歯事件の後につくられた構造審査のための適合性判定機関について話をしました。構造計算適合性判定というのは、構造計算が建築基準法に書いてあることと適合しているかどうかをチェックするに過ぎないのであって、専門家による性能チェックではないことを強く言いました。

　この問題については、国交省のメンバーも交えた委員会でもそのように発言しましたが、国交省の人は何の反論もせずに、ただ黙っています。NHKが作った資料の中に、構造計算適合性判定はピアチェックのことというような表現もあったので、「構造計算適合性判定＝ピアチェックと書いてあるが、構造計算適合性

判定はピアチェックではない」と何度も言いました。リハーサルの時にも言いました。すると「それは本番でも仰ってください」と言われ、実際に発言したわけですが全部カットされてしまいました。放映後に、あれほど言ったのに、どうして全部カットされてしまったのですかと問いただしたら、ディレクターから「力不足ですみません」とのメールが返ってきました。

　NHKの番組も、あらかじめ筋書きがつくってあって直せないのは、国の審議会と同じです。それまでも何度かテレビに出演させてもらいました。姉歯事件の直後のことですが、卒業生の結婚式が横浜であって、出演することになっていたNHKの生放送番組のリハーサルに間に合わないということで、車で横浜のホテルまで迎えに来てくれました。車の中で、リハーサルを行っているビデオを見せてくれて、「神田先生は本番で、自由に何を言っても大丈夫です」と言われたので、「頑張ります」と答えたのですが、司会者の質問に対して、全く関係ないことを言い出すわけにもいかなくて、けっきょくなかなか自由に発言することはできませんでした。

　民放では、みのもんたが司会の番組で、とても気持

ちよく喋らせてもらったことがありました。もっとも、民放は、いきなり出演依頼してくるということはなくて、NHKへの出演経験があると、安心して呼べるという面があるらしいと勘ぐったりしています。NHKでも、ディレクターや本当に現場を見ている人は私の言うことを理解してくれます。東日本大震災での福島第一原発事故の後、何度も訪ねて来て活断層についての話を一時間くらい録画していったこともありましたが、結局ボツになりました。現場にはそれなりに問題意識を持っている人も多いのですが、やはり経営陣に問題があるのでしょう。ただ、もちろん、「NHKをぶっ壊す」ということで選挙の票を集めている人がいますが、それで今の状況がよくなるわけではありませんけれど。専門家としては、どこにどういう問題があるか、丁寧に解説するところまでしかできません。

杭打ちデータの偽装

　耐震偽装に関連して、2015年に発覚した横浜のマンションの杭打ち工事に関して虚偽データが使われた事件についても思うところがあります。あの事件で一

つ残念だったのは、専門家が必ず絡んでいたはずなのに、専門家に一切発言させないというか、発言できない流れがあったことです。要するに会社としての対応にしかなっていない。

　設計者として、あのような形で、あの杭を採用することが、どのくらい適切だったのかという議論も一つあるのですが、そういう説明ができる場もない。さらに施工に当たっての、いわゆるエンジニアとしての発言も一切ない。何重もの下請け工事になっているということもあるのでしょう。直接的な原因は、限られた時間内に作業をしなくてはいけないという中で、おそらく杭を打設した人は、所定の位置まで届いていないかもしれないとわかっていたと思います。発覚後に、もう少しスピーディーに対応できたらよかったのかもしれないけれど、実際に調査をして初めてわかって、それでいきなり旭化成とか三井不動産の経営陣の判断みたいな話に飛躍してしまったのです。

　住民の側にも、建設業の実体をわかっている人がいて、いろいろとうまく仕組んで、マスコミにばーんと出したみたいです。

　本来であれば、どこにどういう問題があって、どう

したら元に戻せるのかということを技術的に議論するべきなのに、そういう場はまったく設けられることなく終わってしまったことが、とても残念です。

　たぶん、杭を取り替えれば大丈夫だったと思います。杭による被害というのは、地面の下だから、建物を全部壊さなければいけなくなるという常識が過去にはありました。でも、阪神・淡路大震災以降は、杭だけを直せるという工事をどんどん行うようになっています。そのへんは施工技術が進歩していますから、5本が耐力不足なら5本の杭だけ増設するなりして、その代わりに迷惑料で全戸に1,000万円を支払うとか、そういう解決の方法がありえたと思うのです。全部取り壊して新しく建て替えるということは、そこに住んでいる人の生活も全部、一度ほかの場所に移さなければならないことになります。ましてや、あれだけの建物を全部ゴミにするわけです。壮大な無駄であることに加え、壮大な生活上の迷惑です。にもかかわらず、会社の意地というか、あるいは風評被害への対応が優先してしまった。

　結局は、このマンションに安全に住み続けることはできるのか、できないのかという判断ではなく、この

マンションの評価額が下がらないことを何よりも優先してしまう、経済的な判断、表面上のお金の問題だけを最優先に考えて判断してしまったのだと思います。住んでいる人にとって、安全かどうかわからない。それならお金を返してということになってしまうのですね。横浜市は杭の調査をするところまではしたけれど、建物の安全性評価については何もやっていないと思います。

市場競争の陰で生じる歪み

　建設需要の低下によって建設従事者が減少すると、ぎりぎりの人員による施工となり、経費削減のため工事管理の人員を減らされて、実質的な管理も下請けに任せてしまう傾向が強まります。設計施工の建物であっても、設計監理は、第三者としての立場から質を確保する役割を担いますが、その場合も、どの程度まで透明性を確保できているか、気がかりです。

　質を確保するという意味では、法規制を最低限遵守してコスト削減を図るという姿勢とは別に、職能達成のための努力が求められます。しかし、技術者といえ

ども被雇用者であり、会社の利潤を犠牲にして判断するのは難しいことも事実です。

　何か事故が起こると、規制を強化し、より厳格に法を運用すべきという議論になりがちですが、そもそも問題を引き起こす原因は、市場競争において時間とコストが徹底的に削減されてゆく中で、個々の作業に無理が生じたことによるケースがほとんどです。社会そのものが、お金に関する判断が最優先されるようになってしまっていますから、安全性の適切さについては二の次という感じで、国任せになってしまっています。

　法規制強化が、事務作業量を増大させている面もあり、それをコストに転嫁できないということで、個々の作業者が、どこかで無理をすることになってしまう。法律で一律にルールを決めて、後は市場原理に任せてコスト競争ということになると、どうしても歪みが発生し、見えない部分で偽装の温床となってしまうわけです。

　建築物は、私有財産であったとしても同時に社会資産としての性格を有しています。市民が活用し、豊かな生活を送ったり快適に仕事をする場としての役割を果たすためには、適切な安全性が確保されていなくて

はなりません。その安全性をつくり込めるのは、構造技術者であり、そのために専門知識を使うことが求められています。そしてまた、その安全性が適切かどうかは、市民の社会的な合意を基本として判断するもので、法律はあくまでもその補助手段と位置づけるべきです。

　これまで複雑難解な建築基準法は、他の関連規定も増殖させてきたわけですが、法律は基本原則のみにして、各自治体が独自の安全水準を定めた条例をもとに、適切なら建物を許可するという方向に舵を切るべき時が来たと言えるのではないでしょうか。

第6章

原点としての東日本大震災

釜石市唐丹町の復興プロジェクト

唐丹小白浜漁港

地震と政治

　1988年に、4年に1度の世界地震工学会議が日本をホスト国として開催されました。私は、広報担当ということで日本における地震災害の歴史をイメージとして発信できないかと考え、日本書紀や江戸時代の鯰絵について資料をあたりました。

　日本最古の地震については、日本書紀に記載があります。允恭天皇の5年に「地震」とあるのですが、これは、どうも政治的事件の発端ということに意味があって、地震そのものはどれだけの規模であったか明らかでない。そこで、被害についても書かれている、推古天皇7年（599年）の「大和の国に地震あり、ことごとく家屋倒れ……」との記述を地震被害の日本最古の記録として取り上げることにしました。東大図書館で日本書紀のさまざまな版をさがし、北野天満宮所蔵の北野本からその部分を抜き出してポスターに採用したことを覚えています。ときの政府にとっては、大地震にどう対処するかは大変な問題ですから、これをきっかけに新しい世の中にするために年号を改めたり、あるいは、地震を政治的に利用したりということが少

なくなかったようです。

　文字だけのポスターではインパクトがないからということで、デザイナーには鯰をダイナミックにあしらってもらいました。古来、日本では鯰が地震を起こすとの言い伝えがあり、江戸後期に起きた地震についても、鯰をモチーフにした浮世絵が多く残されています。

　借屋住まいの庶民にしてみれば、地震で失う家や家財があるわけでもなく、逆に、屋根職人や左官屋さん、もちろん大工棟梁にとっては新たな仕事が生まれるので、「これからはちゃんとした生活ができる」というように、世直しへの望みと喜びを表す風刺画として大いに出回ったようです。

　幕府にしてみれば、地震で大変な時に喜ぶとはけしからんということで、発禁になったりしています。東日本大震災の後に、いろいろなイベントが中止されたり、追悼ゆえの自粛ということがかなり長く続いたことを思い出します。浮世絵の有名な絵師が、鯰絵については匿名で描いたと言われます。ある意味では、人の生きることに対しての力強さを示すもののようにも思いますし、もちろん、庶民から巻き上げた金持ちの悲劇を笑うことは、お上としては許さぬとの姿勢を示

したわけですが、江戸末期においては、住みにくい世をなんとかしてほしいと願う庶民にとって、地震を新しい世の中に変わる前兆とみなしたいとの思いもあったことと想像されます。

　1995年の阪神・淡路大震災は、経済優先の現代都市への警告であったし、2011年の東日本大震災は、震災が人災であることを私たちに突きつけました。これからは自然とどのように付き合っていくかを問いかけた地震でしたが、政治がそのことを念頭に置いた方向に舵を切らない限り、また同じことが繰り返されてしまうと専門家として指摘しておきたいと思います。

現地で暮らす人たちと
関わり続ける

　東日本大震災の後、私は岩手県釜石市の南にある唐丹湾の漁村集落・小白浜という町の復興プロジェクトに関わってきました。長年、建築に携わってきましたから、あれだけの大きな被害に対して、自分も何かやらなくてはいけないという思いがありました。

　東京大学は、1999年に新領域創成科学研究科を立

ち上げました。実際に建物もできて私たちが移ったのは2006年のことです。千葉県の柏市に新しくキャンパスをつくって、建築学科からは4人の教員が柏に移りました。学部としては工学部の中の建築ということは変わらないけれど、大学院は工学系と環境学系ということです。環境学という枠の中で、建築と土木、都市工学、人文社会学の先生12人で、新しい研究科の中に社会文化環境学という新しい分野を立ち上げました。私はそこに12年間、定年になるまで勤務しました。

　環境について議論をしていると、これからの社会のあり方みたいなことを考えざるをえない。例えば、農村とか漁村が日本でどういう役割を果たしているのかを考えた時に、震災を受けた三陸の漁村のまちの活性化について何かお手伝いをしたいという思いがつのりました。

　建築基本法の話は、国レベル、国会レベルの話ですが、漁村をどうするかということは、今まさに現地で暮らしている人たちの問題ですから、彼らと一緒にまちを復興することに大きな意味があるのではないかと思ったのです。建築基本法制定準備会には毎年20万円近くのお金を出してもらって、学生を連れてワーク

ショップを行ったり、毎年、様々な形で震災復興のお手伝いをしてきました。

　小白浜には12.5メートルの防潮堤があったのですが、津波が来て2度も防潮堤を越えました。50メートルくらいの範囲のブロックがひっくり返るという形で、防潮堤自体も壊れてしまいました。ただ、リアス式地形の漁村集落というのは、海岸から100メートルもいけば標高が20〜30メートルになるので、逃げる意志さえあれば逃げられるわけです。明治三陸津波の時には何百人という人が亡くなって、昭和三陸津波の時も6人が亡くなったのですが、東日本大震災で亡くなったのは1人でした。

　復興といっても、まだ防潮堤工事が終わっていません（2020年度完工予定）。擁壁工事も終わっていません。釜石で70%くらいの進捗でしょうか、我々が応援している小白浜でも最後の工事がまだ残っています。防潮堤や擁壁の工事が終わらなければ、その後まちをどうしようかという話は進まないと思います。その間にも、引っ越した人が戻ってこないとか、いろいろ問題はあります。宮城県は漁業も株式会社の参入を許して大規模化するようなことを言っていますけれど、岩手

県はあまりそれはやらないと言っているので、漁業組合、浜ごとの漁業組合がベースになっていくでしょう。ただ、漁業組合にとっても、俺たちの未来はこうするんだというのが、なかなか見えてこないのが現状です。

　問題の一つに漁業者の高齢化があります。三陸の漁村だけでなく、都会の市街地も同じですけれど、東京に比べて、はるかに人口減少の問題とか、高齢化の問題などが早くから表面化してきています。私の地元である東京都大田区の町工場と同じように、漁業の担い手がいないという後継者の問題を抱えているわけです。それも大田区の町工場よりもずっと見えやすい形で現れています。町によっては、漁業組合が頑張っているところもありますけれど、そのような町がもっと増えるといいと思います。我々が販路を広げますと言っても、生産が追いつかなければ広げてもしかたありません。では、生産を増やすにはどうしたらいいのかというと、人を送り込むしかない。そこをどうするべきか、これが最大の課題です。

　そこに住んでいる我々の世代の人たちが、自分の子どもたちをけっこう都会に出していて、帰ってこなくてもいいと言うのです。なんとなく、わかります。都

会にいる若い子たちも、帰ったって仕事がないからと言う。それはお互いに、本当の意思の疎通がないのではないかという感じもします。「帰ってこい」と、もっと言えばいいと思うし、都会で働いている人たちにも、本当に東京で気持ちの良い生活を送れているのか一度よく考えてみなよと、言いたいです。今般のコロナ禍で明らかになった、東京に人が多過ぎること、しかも雇用が不安定であることを、改めて多くの人が痛感したのではないかと思います。

それは、みんなができなくても、1人でも2人でも帰ってきたり、東京人が様子を見に来て、ここに住みたいなと思う人が何人かのうち1人出てくることで、また変わっていくかもしれない。

海の幸のいいところは、放っておけばどんどん豊かになるという点です。田んぼは放っておいたら荒地になってしまう。ただ、最近はちょっとアワビの生育も悪いし、ウニも全然大きくならないという状況もあるので、問題になっています。鮭で有名な片岸川にも、以前の3分の1くらいしか戻って来ないと聞きました。山に太陽光発電を設置することに伴う大量伐採、防潮堤や水門など、人工的な鉄やコンクリートによる整備

が悪い影響を及ぼしている可能性も考えられますが、それも長い目で見ないとわからないところがあります。

　三陸の漁業をどうしていくのか、大きなテーマですから、支援していく中で答えを見つけられるといいなと思っています。少なくとも、今できることは都会と三陸との交流です。二地域居住とか、いろいろなことが言われていますけれど、少なくとも現地で暮らしている人たちと関わりを持ち続けることがまちづくりのスタートだろうと思いました。2011年の年の瀬、東京経済大学で復興まちづくりについての報告会が行われました。その時に作成した下記のメモに、当時の私が自分なりに抱いた問題意識と危機感が滲んでいると思います。

・市単位の計画やキーワードをさぐると、漁業の復興の声があまりみえない。三陸復興の基本は、漁業である。
・津波防災のソフトというが、漁村においては浜に山が迫っていることもあり、基本的に皆逃げられている。もちろん、あと一つ間違えばということはあったにせよ、逃げることは可能という実績が示された

ことは大きい。

・基本目標として、ぜひ「豊かな自然を生かすまちづくり」を入れるべきだろう。農業で当たり前に行われている、消費者との新しい流通システムによる生産者と消費者の顔の見える関係を作ることが、海の豊かさをさらに価値あるものにする。

・子どもについては、単に教育が大切というだけでなく、具体的に小学校校区が維持できるまちの規模と、そのための若い家族を呼び込む政策づくり。

・防潮堤整備についても、大市街地で必要とされる意味とかなり異なる。逃げられるのであれば、高潮対策は必要かもしれないが、津波を防潮堤で防ぐということが本当に必要か、再度考える意味は大きい。

・早い時期にまちづくり協議会を作るとか、そのための根拠の場所確保、まちの一人ひとりの声を聞くことなど、そろそろ動きをみえるようにしないと、市の方針だけで予算が決まっていったりすると、過疎化の促進になりかねない。

唐丹プロジェクト

　端緒は、東日本大震災の発生から3カ月後の2011年6月に、東京大学新領域創成科学研究科の神田研究室として修士学生3人を連れて、岩手県釜石市唐丹町を対象に津波被害についての現地調査を行ったことでした。

　三陸海岸には、400とも600とも言われる浜に漁村集落があり、そのほとんどが大きな被害を受けました。大規模市街地に比べれば、漁村集落での人的被害は比較的少なかったものの、もともと高齢化による漁業後継者難の問題があって、それが津波被害によって加速してしまった状況がありました。唐丹町でも津波をきっかけに漁業人口はさらに減りました。

　そこで、震災復興を巡る議論を進める中で、唐丹町のまちづくりを応援しようということになり、年に1回のワークショップを、唐丹町小白浜で開催してきました。これまでに復興住宅のあり方や、災害危険地域に指定された低地部の活用計画、まちを紹介するパンフレットの作成など、毎回、東京から学生の参加も得て、地元の住民との意見交換を報告書にまとめてきま

した。日本女子大の薬袋奈美子研究室からは毎年、先生も学生も参加してもらっています。

　例えば、2012年の8月に行った第1回のワークショップでは、模型材料のスチレンボードを等高線に合わせてカッターで切り取り、スプレー糊で貼り合わせて、縮尺1,000分の1で、1キロメートル×2キロメートルの範囲の地形を再現しました。そこに、子どもたちも参加して、主要な建物や船を置いてもらったりしたのです。「将来の夢」を絵に描いてもらう企画では、子どもたちがどんなまちに住みたいと思っているかを生き生きと伝えてくれる作品を残してくれました。漁師になると言って舟に乗っている絵を描いてくれた女の子もいました。小学校1年生から5年生の男女が入れ替わり立ち替わり参加して、外で遊んだり散歩したりしながら夏休み最後の時間を楽しんでくれました。

　また、2017年の10月に実施した第6回のワークショップでは、東京大学から福永真弓先生（環境社会学・環境倫理学）をお呼びして、三陸の漁業のこれからについて、地元の漁業関係者も含めて意見交換を行いました。

　しかし、当然のことですが、まちづくりというもの

は、1年に数時間の議論で何かが実現できるものではありません。継続的な関わりと、まちを形成してゆく過程での直接的な関わりが不可欠です。そのためには、その土地に住んでみなくてはいけないと思いましたし、少なくとも活動の拠点が必要になると考え、具体的には、都会から自然豊かな唐丹に、いつ来ても宿泊できる施設、人々が集まりたくなる「家」を建設することができないだろうか、と考えました。

　人口減少時代を迎えて、都会に床面積を増やす必要はないわけで、これからは自然豊かな地方を活性化させることに取り組んでみたいと思いました。「別荘」というと少し贅沢な印象がありますが、空き家の増加が問題になる中で、人口数が必要とするよりも多くの家があるわけですから、複数の家をもって、それぞれの土地で生活を楽しめるということは魅力的だし、地域活性化に寄与できると考えたのです。

　当初設定した目標資金は1,500万円。土地は、「唐丹に拠点となる家をつくりたい」と様々な人に何度も話しているうちに、幸いなことに、まちの中心に近いところ、成岩寺の向かいに167㎡の宅地を入手することができました。元の所有者の方からは「まちの人に

譲ることも考えたが、神田さんに使ってもらえば、まちの活性化が期待できる」と言っていただけました。

　ある程度組織的に活動するためには、法人化することが必要と判断し、組織形態を検討した末、制約が少ない株式会社を選択しました。退職金の一部を出して、株主を5人集め、資本金900万円で、入手した土地を本店所在地とする株式会社唐丹小白浜まちづくりセンターを設立しました。2015年10月2日のことです。たまたま登記した日にちが「とうに」と読めるのも嬉しかったです。2016年3月には、株式増資を行い、さらに呼びかけに応じてくれた40人の参画を得て、株主にはなれないが寄付ならできるという方々からご提供いただいた寄付金も合わせると、合計1,970万円の資金を集めることができました。

「家」の設計については、鈴木久子氏の協力を得て、建築用途は事務所兼住宅ということで、木造2階建て122㎡の建物を設計し、2016年4月に釜石市で建築確認を取得しました。

　大半の木材は、現地市議会議員の木村琳蔵氏の協力を得て、木村氏が所有する山林の杉を2015年3月に玉切りし、隣町の越喜来で製材しました。自然乾燥と

加工については、山形県鶴岡市の剱持猛雄棟梁のもとで行い、2016年6月に地鎮祭、7月に基礎工事を行った後、現地での施工は、2017年3月20日から始まりました。

設計監理は、主に建築基本法制定準備会元幹事で唐丹プロジェクトを一緒に進めている西一治があたり、2017年9月8日に無事竣工と相成り、家の屋号は「潮見第」としました。海を見ながら暮らすという意味と、45人の株主の共同の別荘という意味の第を組み合わせて命名し、棟梁の用意してくれた栗の板に彫刻刀で文字を彫って、看板も作りました。

こうして、三陸の漁村集落と都会の人間を結ぶ拠点が完成したわけです。リアス式海岸の見事な自然景観とともに、森と川と海が一体になって素晴らしい環境を人間に提供してくれるまち。自然の恵みを得られる土地であることに加えて、同じ唐丹湾の大石集落には縄文時代からの遺跡もあります。また、鮭の孵化事業やワカメの養殖事業は、唐丹の成功事例として展開されています。

三陸海岸は、漁業のための海岸であると同時に、これからは部分的にヨットハーバーなど、レジャーや観

光の施設を配置する可能性を検討しても良いのかもしれません。現在の唐丹小白浜は、唐丹湾の7つの浜で営まれている漁業を中心とした地域ですが、これから先どのように展開していくのか、人手は確保できるのかを含めて、なかなか先が見通せないのも現実です。

三陸復興を新たな建築や
まちづくりの見本にしたい

　三陸は、漁業こそが復興の支えになることは当然ですが、森が海を豊かにするという面もあって、森林の管理運営も極めて重要になってきます。漁業も農業も食を支える極めて重要な生業でありながら、現実には、職業として生活の原資を生むことは容易ではありません。まして林業が住まいを支えるといっても、国内産のシェアを増やすこと自体が大変なのが現状です。

　戦後に行われた植林によって、今は山に木があふれていますが、十分な管理がなされていません。使用しやすい構造材として40〜80年の樹齢の木を生産するためには、日常的な間伐が不可欠です。大規模な効率化よりも1本ずつの木の特長を活かすことが大切にな

ってきます。とはいえ、集成材による大規模な製材工場で規格化された製品を流通させることや、プレカットによる加工の効率化についても否定するのではなくて、それらと共存を図ることで日本の木全体がまわっていくことが大事です。

　国内産木材を持続可能なかたちでまわしていくためには、木造住宅を50〜60年とか、ある程度の頻度で新築や改築することも視野に入れた木材消費が必要で、地方においては1戸あたりの敷地が最低でも100坪くらいを可能とするまちづくりが望ましいのではないかというイメージを持っています。三陸復興が、日本の新たな建築やまちづくりの見本になるような絵を描いてみたいと、以来ずっと考え続けています。豊かな自然の残る地方にこそ、その土地に相応しい家やまちが作られなくてはいけないのに、ハウスメーカーなどの画一的な建物や家が作られている状況があって、ここにもまた、全国一律に適用される建築基準法の問題が表れているように感じます。

　自然が美しいということだけでは、集落共同体としての魅力は生まれてきません。まちの声を聴いてみると、日常の買い物をできる店がないのがつらい、とい

う答えが返ってきます。日常生活を成り立たせるための商店の存在は欠かせませんが、その商店が生業として成り立つようにしなければいけない。日々歩いて行ける範囲で、野菜や海産物などを購入できるかどうかは、まちの魅力にとって大きな要素です。

　ご多分にもれず、地方は特に車社会になっていますから、医療も買い物も釜石市街に依存しているのが現状です。幸い三陸鉄道南リアス線は、2014年4月に釜石から大船渡市の盛まで開通し、東京駅からも、新幹線、釜石線と乗り継いで、唐丹駅まで、鉄道だけで最短5時間余りで到着できます。唐丹小白浜まちづくりセンターも株式会社である以上、建築設計や漁業、教育面での事業展開も実施して、まちの活性化に寄与したいと思っています。福祉と教育が充実してくれば、若者にとっても魅力あるまちになることが期待できます。夢を語りながら、少しずつでも着実に手さぐりしながらのまちづくりが、これからも続いていきます。

震災復興のまちの学校

　釜石市唐丹町小白浜地区の震災復興にかかわって8

年が過ぎた2019年の夏、潮見第と名付けた、まちづくりセンターの事務所兼住宅に20日間滞在しました。この年のワークショップでは、いつものように東京の学生にも大勢参加してもらって、地域の歴史や自然を辿るフットパスのマップ作成を試みたり、震災後の毎年の夏祭り「ゆめあかり唐丹の灯」のお手伝いなどをして過ごしました。

　防潮堤は、片岸地区では完成し、小白浜でも概ね完成ですが、まちの景観の一部として、いまだになじめないでいます。津波は、100年に一度の凄まじいものでした。1,000年に一度という言い方をされる場合もありますが、三陸沿岸の場合は明治三陸津波（1896年）と比べて、ほぼ同程度だったというべきでしょう。すでに述べたように、小白浜の津波による死者の数は、明治の時は460人だったのが、昭和には6人、平成では1人と、確実に避難の対応が取れていることが分かります。そして釜石市全体でも、防災教育が徹底していて、多くの死者を出した中で、小中学校生徒は全員が助かったという事実は特筆すべきでしょう。

　「津波てんでんこ」という標語があります。「自分の命は自分で守る」という意味だけが広まってしまって

いるようですが、本来は「自分たちの地域は自分たちで守る」という意味が込められているそうです。普段から互いの行動をきちんと話し合っておくことでつくられる家族、仲間との信頼関係があるからこそ逃げられるのだという意味です。おじいちゃん、おばあちゃんの手を引いて助けた子もいたのです。避難生活でも、小中学生はみんな頑張っていたそうです。ただ、とても良い子たちであるがゆえにストレスを溜めてしまう面もあったようです。

　片岸地区にあった釜石市立唐丹小学校には広いグラウンドもありましたが、三陸鉄道の唐丹駅近くの新しい住宅地とともに、海抜2メートルくらいで、津波に対してはなすすべがありませんでした。子どもたちは、高台の天照御祖神社に逃げて助かりました。一方で、中学校は小白浜地区の海抜20メートルくらいの高台にあって、津波の被害は免れたのですが、耐震補強が必要だということになり、移転した小学校とともに、しばらく小中学校では仮設校舎が使用されました。

　三陸の被災した学校の再建にあたっては、プロポーザル（建築物の設計者を選定する際に、複数の者に目的物に対する企画を提案してもらい、その中から優れた提案を行った

者を選定すること）が行われました。唐丹小学校・中学校では乾久美子建築設計事務所の案が当選し、浜と山をつなぐような、卒業してからも集まりやすい学校というねらいで建てられました。木造2階建ての校舎群を基本とし、いくつかの棟が渡り廊下でつながれています。壁面の色はパステル調で、もともと唐丹のまちにある色を使ったそうです。西側は、国道から少し下りたところに玄関があり、東側には、もともとの学校の入口があって、浜から幅6メートルの市道が国道に抜ける避難路として同時に整備されました。

　50年前には人口10万人の釜石市に2万8,000人いた小中学生が、今では3,000人。唐丹でも、津波の後はさらに人口も減っていて、今は1,600人弱が小白浜を中心に、大石、荒川、川目、片岸、本郷、花露辺と唐丹湾を囲んだ集落をなし、唐丹小中学校の校区になっています。徒歩で通うことが難しい地区に住む生徒たちは、市が提供するバスで登下校しています。昔は、舟で通学していたとも聞きました。

　唐丹小学校・中学校では、体育館やプールも整えられ、同じ敷地に児童館（保育園）も設置されています。新しくできた道路を上り切ったところから眺めると、

学校全体が俯瞰できます。新しい校舎で、子どもたち
は、気持ちのよい時間を過ごせていると想像できます。
この建物も、長く使われてほしい。税法上の寿命など
というものが、戦後の建物の寿命を短くしたように思
いますが、本来であれば手入れ次第で長持ちするもの
なのです。鉄骨や鉄筋コンクリートだって、もともと
の施工の質にもよりますが、手入れをしなければ30
年くらいでボロボロになってしまう。逆に、木造でも
手入れさえすれば50年、100年と使い続けることは、
十分可能なのです。

　2012年、最初の「唐丹小白浜まちづくりワークシ
ョップ」で、当時の小学生たちが、まちの未来を絵に
描いてくれたことを思い出します。その時の子どもた
ちもすでに高校生、大学生です。

　今、1学年に3人しかいない学年もあって、今後の
入学児童の数も気になりますし、生徒数が足りなくて
廃校にならないか心配です。学校が存続するためには、
当然ながら子どもたちがいてくれないといけません。
若い家族には、素敵な学校があるから小白浜に越して
いらっしゃいと強く呼びかけたいですし、実際に、学
校に魅力を感じてわざわざ引っ越してくる家族もいる

という話を聞いたことがあります。

　海と森に囲まれた唐丹のまちの学校が、多くの卒業生たちが訪れたくなるような、まちの施設として長く使われてほしい。夏休み中の夕方、グラウンドで遊んでいる子どもたちを眺めながら、改めて願いました。

防潮堤と自治

　防潮堤については、かさ上げなんて意味がないという論文をいっぱい書いて、海外の雑誌にも発表しています。この論文は、けっこう引用もされて反響がありました。例えば陸前高田のような広い市街地の場合は、防潮堤を建てることで何万人の財産とか命を救うことができるでしょう。それに対して、私が応援している小白浜は低地のせいぜい30戸くらいの住宅が壊れて、人命の損失はゼロでした。ということは、何十億円かけて防潮堤をつくって、10億円くらいの経済損失を救うということになり、これでは意味がないのではということです。せめて、ひっくり返った防潮堤を元に戻す程度でよくて、何もかさ上げまでして、しかも防潮堤の下を幅広くとって基礎工事をやるために何十億

円もかけるということは、経済的な効果から見ても意味がない。論文も書いたし、市長に何度も意見書を出したりしたのですが、結局、かないませんでした。でも、記録を残しておくことには意味があるだろうと思っています。

　できてしまった防潮堤は仕方がない。ベルリンの壁のように、つるはしやダイナマイトで壊すつもりもないですから、どう使うのかということでしょう。昔の防潮堤との差は2メートルとはいえ、残念ながら道路から海が見える視界は失われてしまいました。

　集落によっては、防潮堤をつくらないで、避難だけで対処すると決めた花露辺のような所もあります。集落で一致してそういう声を上げればできるのです。ただ、実際には、なかなか難しいことです。国や県の担当者がぶらーっとやって来て、町会長を集めて、国でこんなことを言っているんだけど、どうだろうね、という話をする。それで、まあしょうがないかみたいなことで決まってしまうという感じです。議論そのものが難しいと思うのですが、工事着工の前の時点で、あの時に反対しなかったから、3年経った今、反対するのもちょっとみたいなことで、ずるずる、ずるずると

決まってしまうということだと思います。多くの漁村集落の防潮堤はこんな感じでつくられたのです。

　市の職員も、これは県の仕事だからといって、どちらかというと責任はとらないし、国は、例えばという話をしているだけで、県が住民の意見をもとに決めることになっているとは言うのです。そうであれば一層、何で決まってしまうのか、というもどかしさを感じます。

　防潮堤建設の費用は国が出します。私たちの税金ですね。復興特別税として所得税、住民税、法人税に上乗せされている。所得税では2.1%上乗せされた復興税を払っています。だから我々にも発言する権利があると思うし、税金の使い道に対して異議を唱えてよいはずです。でも実際には、地元の人たちの意見が一致していない中で、外部の人間だけがあまり強くも言えず、もちろん発言はしたし、市長に手紙も書きましたが、泣く泣く、新しい防潮堤が出来上がるのを見ているという感じです。

「安全」とは

東日本大震災の直後、本当に国は国民の安全を守ってくれるのかと考えざるをえませんでした。本来ならば、国は国民の安全を守る責務があるけれど、福島の事故を思うと、そうではなかったと言わざるをえない。だからこそ、自分たちでどうするのかということが、最も大事なんだと、東京電力福島第一原発事故のメルトダウンが教えてくれたようにも思えます。あの時は、同じように思った人が大勢いたはずなのに、だんだん時間が経つにつれ、今また、「まあ国の言っていることだから仕方ないか」という感じになっているように見えます。コロナ禍の自粛要請や小中学校休校要請も似たところがあります。

例えば、国の原子力安全委員会、安全目標をどうするか決める委員会では、アメリカが原子力を推進していくに当たっての安全目標という数値があって、10^{-5}とか10^{-6}という確率的な評価を前提にして議論を行います。確率的な評価をする議論のための前提条件として、どういうデータがあるか。データに基づけば、ある程度客観的な議論になります。ですから、そうい

う方向に持っていかなければ駄目なんだと、常々思っていまして、建築学会でも、地震だったらこれくらいの確率で壊れるということを前提に、今の計算基準はこれくらいですと、そのように議論を進めていましたが、国の制度の変更という形には到っていません。

　原子力に関しては、比較的新しいことに対して多くの人が注目してくれるので、そういうことを発言する機会はあったのですが、いざ決まる段階になると、それまでの議論がひっくり返されてしまうのです。今までの基準をもう少し安全なものに変えなければいけないから、例えば活断層だったら活断層の定義を変えて、5万年以内に地震が起きた跡があるものを活断層と呼ぶと言っていたものを、今度は12万〜13万年にまで広げる。すなわち前よりもっと安全な、小さな可能性の地震に対しても考慮する基準になるわけですが、それが原子力発電所が稼働する30年間で、どれくらいの確率で地震が起きるのかということに関しては、改訂の際に「参考にとどめる」だけになってしまったのです。あれだけ一生懸命議論させておいて、一体何なんだという感覚はものすごくありました。

　私の意見を応援してくれていた先生方も、結局、み

んな年上の人ばかりです。私が60歳前後で委員になっても、審議会の中では最年少でした。そんなことでいいのかなと思います。私はまだ現役でしたから、忙しいなか時間をやりくりして委員を務めていたけれど、もう70歳過ぎて、あるいは80歳くらいの先生方は時間もあるわけですから、資料もいろいろ作れるし、集めることもできるわけです。先輩の先生を審議会で説得するのは容易ではありません。

　日本の審議会というのは、既定の方針がある程度あって、そういう中で、ちらっと反対意見を言う人間を1人くらい入れておいた方が、議事録が議事録らしくなっていい、そこまで読んで人事を選考しているのだから、たいしたものだと思います。もちろん皮肉ですけれど。

　国交省は、議事録もちゃんと残しません。外から見ると、何を議論しているのか、誰が発言しているのかもわかりません。コロナ対応の専門家会議で明らかになったのと同じです。経産省のほうが、もうちょっと記録が取ってありました。もっとも、私が関わったのは10年前のことですけれど。

　原子力は国の委員会があって、分科会があって、そ

れとまた別に協会があって、そこで裏の議論をするとか、役割分担がすごく複雑な構造になっています。

　ジェローム・ラベッツ（1929〜）が、『ラベッツ博士の科学論』で「拡大ピア・コミュニティによる科学技術のマネージメント」というものを提唱しています。いわゆる専門家が判断をして意見は言うけど決定権はない。例えば建築で言えば、この建物をこの場所に建てるということでメリットを得る人もいれば、それによって損害を被る人も必ずいる。そういう時に、賛成のグループと反対のグループ、いわゆる市民だけで議論しても、もちろん答えは出ない。それぞれの立場の専門家が発言をして、到達点に至ることができるように専門家なりの判断をする。それを周りの人もしっかりと見て聴いて、納得できるというような仕組みが、もう少し必要だろうということです。

　現在の、国の審議会の仕組みというものは、あらかじめ方針がだいたい決まっていて、その方針の側の専門家と、あまり意見を言わない専門家が選ばれます。もちろん原子力は是か否かと、そんな簡単に賛成派の専門家と反対派の専門家が議論しただけで答えが出るわけではありません。それでもあらゆる分野に関して、

ゴーサインを出す人と、ストップをかける人が、専門家の立場から、こういう根拠でいいんだ、こんな根拠では駄目じゃないかということを議論する。そうすれば、素人が見ても、これは無茶を言っているなというようなことは分かるわけです。

そういう形で合意をつくる社会的仕組みというものが必要だと思っています。それは建築確認制度の問題もそこにある。今は法律で建てていいことになっている、それは経済活性化につながるから、という流れだけで動いてしまっている。そうではなくて、町をどうするかというテーマは非常に微妙な問題も孕んでいるわけですから、法律と経済だけでは答えは出ないはずです。専門家だって、色々な立場の専門家がいます。だけど専門家は専門家なりに、こういう法律があって、こういう知識があって、だからそれはやれるんだという、一応論理を立てて喋れないようでは専門家とは言えないわけです。言っていることが破綻していれば、一般の方であっても聞いていれば分かるものです。だから、専門家が市民の前に顔を見せて判断をしてもらう、ということがとにかく大事です。

ジェローム・ラベッツは、ポストモダンサイエンス、

遺伝子工学とか先端医療とか、非常に複雑な最先端の分野に関しては、そのような仕組みが特に必要だとも言っています。最先端ではないけれど、建築や環境もまさにそのような分野だと思います。専門家が開かれた場で意見を述べ、市民の協議で決めていくような仕組みが、とりわけ必要とされるのです。

福島第一原発事故

　福島の津波に関しては、あの地震の直前に、ある程度の確率で高い津波が生じる可能性について、すでに内部には情報があったということが知られています。私が出ていた委員会でも、レベル3（より高度な）のPSA（確率論的安全評価）というものを議論していました。どのくらいの高さの津波がくると、例えば非常用ディーゼル発電が機能しなくなるから、それによって暴走する可能性があるというようなフォルトツリー[注]を使うのです。ところが、委員会資料で、どのくらいの確

注：事故は一般にさまざまな事象が次々と連鎖して起きる。そのとき1つの事象のあとに事故につながる事象（A）とつながらない事象（B）に分岐させ、それぞれの確率を評価する。さらに事象（A）のあとに次の事象を考えるという具合に分析する手法のこと。

率で津波がくるのか、肝心な数字が黒塗りにされていたのです。委員会資料に黒塗り部分があるなんて、一体どういうことなんだと、発言しました。

　そこに具体的な数字が出ていたとすると、例えば地震では、さっきも説明しましたけれど、5万年に一度の活断層とか、12万年に一度と言っていたのが、10のマイナス4乗5乗の話ですが、津波の話は10のマイナス2乗、3乗の話です。2桁違うのです。そこを黒塗りにして委員会に出してくるとは、一体どういうことなのか、これでは議論にならないじゃないですかという話です。

　建築の専門家は、大きく揺れても倒壊しない建物の粘り強さについて議論していました。我々は、建物は大丈夫だと思っているけれど、その周囲や内部に何かしら問題があれば、意味がなくなってしまう。建物内部の配管は機械屋さんの領域です。機械に建物からどういう力がいくのかは、建物のデータでわかります。ですから、建物の評価、どのくらい揺れるのかは非常に大事です。当時の機械の解析は、基本的に弾性をベースに行っていたので、変形してもちぎれないとか、そういった視点での評価を行っていないわけです。今

では、弾塑性解析のようなことを行う条件にはなっていると思います。

　外部電源の鉄塔が傾いたり、それで電源が入ってこなくなったという原因もあると思います。原子力発電所に外部から電源を供給する部分に関しては、十分な安全性が保持されていなかった。鉄塔が倒れたりしましたが、それほど丈夫には作られていませんでした。鉄塔は電力会社が建てていて、電気事業法によって基準が決められています。倒れて停電したら復旧すればよいという程度の基準です。これによって、非常用電源が動かなくなった原子炉では一大事になったわけです。

「思うに任せない」宮沢賢治

　明治三陸津波の年（1896年）に生まれ、昭和三陸津波の年（1933年）に亡くなった宮沢賢治。『雨ニモマケズ』や『セロ弾きのゴーシュ』『風の又三郎』など今までも愛読していますが、東日本大震災後の釜石市唐丹町で復興プロジェクトに取り組む中で、改めて彼が遺した童話を読み直して感じ入ったりすることがあり

ます。

　宮沢賢治の全集に収録されている書簡もとても良いのです。彼が中学生だった頃からの、家族や友人に宛てた手紙を通読すると、賢治の人生が浮かび上がってくるような気がします。Eメールの無かった時代、東京の病院にいる妹の病状を、毎日ハガキに書きつけて花巻の父親に伝える賢治。高等農林学校を中退して失意に沈んでいる友人に妙法蓮華経を説いて元気づけたりもしています。そんな記述に触れると、ふと自分の学生時代、仲間たちといろんな議論をしていた日々のことを思い起こしたりします。

　晩年の書簡では、東北砕石工場の技師になった賢治が、石灰肥料の会社の技術や営業に関する詳細な指示、計画などを繰り返し書き送っていたことがわかります。当時における岩手の農業、想像を絶するような過酷な環境に置かれていたに違いありません。そんな中、エリートの農業技術者として、病を押して、てきぱきと指示を飛ばし、はつらつと仕事に取り組む姿。童話作家としての賢治とはまったく異なる一面をみることができるのも書簡集の面白さです。

　2018年の1月に、門井慶喜の『銀河鉄道の父』が直

木賞を受賞しました。そのニュースに、賢治ゆかりの花巻・大沢温泉で触れたことも面白い体験でした。宮沢賢治の父・政次郎は浄土真宗の檀家総代として、毎年のように大沢温泉に人を集めて法話の会を催していました。私にとっても、義母がしばしば訪れていたこともあって馴染み深い温泉です。

『銀河鉄道の父』では、賢治の父親が息子に寄せる思いが綴られています。信仰上のことで父と対立し、実家を飛び出した賢治。賢治への父の思い、賢治の父への思い、自分にとっても大切なテーマですし、読み終えてしまうのが悲しくなるほど、じっくりと味わって読むことのできた1冊でした。この本を読んで、賢治についてもっと知りたくなり、宮沢賢治全集を2種類手に入れました。

　また、今福龍太の『宮沢賢治　デクノボーの叡知』からは、自然との接し方、市場経済と農業や漁業といった人々の営みの対比などについて深く考えさせられました。宮沢賢治が書いたもの、感じたこと、思ったことが、現代を生きる私たちに連なるものとして紹介されていて、この本を読むと改めて賢治のことを思います。子どもの頃の賢治が妹と物語をつくって楽しん

でいたことが、その後の賢治の作品になっているのだと思います。

　ただ、私としては、賢治を聖なる存在として崇めているわけでもなければ、立派な人間だから尊敬しているということでもなくて、思うに任せぬ身体で精一杯、命を燃やした人間が抱えていた思い、やりたいけど、なかなかうまくできない、そんな思いに共感を覚えるのです。できないのは、自分の身体のこともあるし、自然の天候のこともあったでしょう。人間、誰しも「ああしたい、こうしたい」と思っても、簡単にできることばかりではありません。それでもなお、仲間に伝えるために、懸命に頭を巡らし、文章にまとめることは、いつの時代にも共通する大切な営為だと思うのです。

　これからも、時に全集を引っ張り出して読み返したりする、そんな時間を大事にしたいと思います。そして、いつかまた、花巻で宮沢賢治の命日9月21日に毎年開催される賢治祭に足を運んでみたいと思っています。

「風の電話」を訪ねて

　岩手県大槌町の三陸海岸を望む庭園「ベルガーディア鯨山」。その一角にある白い電話ボックスの中に、電話線にはつながっていない黒電話が置かれています。「風の電話」と名付けられたこの電話から、他界した家族や友人など大切な人に話しかけることによって、喪失感から立ち直るきっかけになるようにと、釜石市生まれのガーデンデザイナー・佐々木格さんによって設置されました。

　大槌町では東日本大震災で人口の1割近い1,286人が犠牲になりました。高台にある自宅から、津波にのまれる大槌町を目撃した佐々木さん。「自分は、何をするために生かされたんだろう」と自問自答を重ねた末、被災者に庭を開放することにしたのです。

　大槌町の復興に尽力されている木村みどりさんの紹介で、大槌町に佐々木さんを訪ねたのは、2019年の夏のことでした。妻の礼子と2人、三陸鉄道の浪板海岸駅の山側、バス停「ベルガーディア鯨山」を見つけてうろうろしていたら、緑の奥の方から佐々木さんご夫妻が現れて、庭園内にある「森の図書館」で、木村

さんも一緒に、お茶とお菓子を頂きながら1時間余り
お話ししました。

　宮沢賢治が、1925年1月5日から9日まで三陸を旅
していて、その時に詠んだ詩が7編あるといいます。
そんな賢治と大槌とのかかわりを確かめたくて、佐々
木さんは、「大槌宮沢賢治研究会」を発足させて、「暁
穹への嫉妬」と「旅程幻想」の詩碑を建立されたりも
しています。お互いの宮沢賢治への思い入れも語り合
った後、さらに30分ほどかけて、1000坪以上ある庭
園を案内してくださって、帰り際には、佐々木さんの
ご著書『風の電話』の表紙裏に「感性を育み想像力を
育てる」と署名入りで書いて頂きました。

　実は、「風の電話」の電話ボックスにも入らせても
らって、受話器も取ったのですが、特に話はしません
でした。私にとって、長男の慎吾（2012.2.26没 33才）
は、自分が死ぬまでは共にいると思えているので、そ
の意味で、これは佐々木さんも仰っているのですが、
「風の電話」は誰にとっても同じ役割を持つものでな
くて良い。その時に、思いが伝わると思う人が伝えれ
ば良い。また、訪れて電話したくなる時が来るかもし
れないと思うことにも意味があると、いま感じていま

す。先に逝った息子とは、今も話をしてみたいと思っ
たりすることがありますが、何か新しいことをやろう
とするときには、力になってくれているのだと、そん
な風に考えることにしています。

第

7

章

建築教育の
役割

と

小学校の

可能性

唐丹小中学校

建築と教育

　私の学生時代、若い建築家の間には「丹下健三（1913-2005）のように国際コンペで勝って世界的な建築家になるんだ！」といった雰囲気が漲っていました。しかし、時代は変わり、今はそれぞれの地域に根差して、周囲の環境にも配慮した建物を設計する建築家が次々と登場しています。そのような設計を行うためには、「一人ひとりの生活への想像力」が不可欠になってきます。先にも触れた中村桂子の著書『こどもの目をおとなの目に重ねて』に出てくる超高層ビルに関する記述で、「建築を語るのに、中の人間の生活が語られていない」という指摘があります。それでは、住むため働くための建物にならないですね。

　国際的なコンペで勝ち上がることは、モチベーションとしては、もちろん素晴らしいことなんだけれども、特に建築教育に携わる人間があまりにもそこだけにのめり込んでしまうと、世界的な評価を受けたり、建築界の中で設計の巧さや質の高さが議論の対象になるレベルの、上の方のそれこそ1パーセントとかの世界に限定された話になってしまうような気がします。本来

であれば、全体の例えば6〜7割の建築物をどうするのか、大学の建築教育もそちらを重視すべきで、コンペで勝つことだけを考えていても仕方がないわけです。

　一級建築士を中心として全国で何十万人もの会員が所属している建築士会という職能団体が都道府県にあります。他方、日本建築家協会という団体もあって、こちらの会員は数千人しかいません。建築家協会の役割については、それこそ世界的なトップアーキテクトと伍して戦うことを使命としているといったイメージを私は持っていました。ところが最近では、コミュニティ・アーキテクトと呼ばれるような、まちを住まい手とともに考えるという姿勢を持った建築家こそが求められていることを感じるようになりました。例えば2012年の秋に、国際コンペで選ばれた新国立競技場の最優秀案（ザハ・ハディドのデザイン）が公表された際に、槇文彦さん（1928〜　）が、聖徳記念絵画館とイチョウ並木を中心に濃密な歴史と美観を保つ地域、しかも限られた敷地に対して競技場のスケールがあまりにも巨大だということ、周辺の景観に対する配慮があまりにも欠如していること、そもそもコンペで何をどこまで決めるのかが曖昧なまま政治的な流れの中で物事

が動いてゆくという問題などを指摘されました。以前よりも、建築家が社会的な発言をすることが大事なんだという気運が、高まってきているように思います。ただ、これは建築家協会の話で、建築士全体を考えたらほんの一部です。建築に携わる人の意識をどう変えてゆくのか考えなければいけないし、発言できる人がどんどん発言して、さらに行動に移してゆく必要があります。

深刻な日本の大学の
研究環境

1980年に東大に戻った時に、大学の役割についてもう一度考えたいと思ったし、学生時代に全共闘に関わっていた頃も、大学は何をすべきかという議論はたくさんしていたわけだから、自分はどこまでやれるだろうか、自問自答しました。

今、日本の大学は非常に萎縮してしまっていて、なかなか伸び伸びと研究することが難しい状況に置かれている。研究費が削られ、教職員の定員もどんどん削減され、「やる気のある研究者がプロジェクトを提案

して民間や文科省からお金をもらってやればいいだろう、やる気のない研究者は淘汰されても仕方がない」みたいな物言いが横行しているわけだけれど、その論理がまかり通ってしまうと、けっきょく資本主義の潮流にとって都合のよい研究しかできないということになってしまう。

本来であれば、大学が何をすべきかは、大学の中で研究者自らが考えるべきことなのに、それ以外の書類作りだとか、どうやったら民間や文科省からお金を取れるか工夫するとか、小手先のことばかりに時間を取られてしまっている現実があります。

教育もまた同じようなことになってしまって、以前であれば教師の学生への対応の仕方は教師に任されていたのが、今ではちゃんと授業をやったかどうか証拠になるような資料を作成しなければいけないとか、評価の根拠となる資料を残すとか、まさに管理のための時間にやたらと費やされることになってしまい、こんなことで大学本来の役割を果たせるのかと非常に危惧しています。

数年前にウズベキスタンに旅行した際に、理論物理学の中村勝弘先生（1945〜 ）にお会いする機会があり

ました。中村先生は、大阪市立大学を退職されてから、JICA（国際協力機構）の海外青年協力隊としてウズベキスタンに派遣される道を選び、ウズベキスタン国立大学に再就職された方です。日本にいた頃は、やはり研究以外の煩わしい仕事に忙殺されていたそうですが、ウズベキスタン国立大学はとても自由な雰囲気で、「最新の『Physical Review Letters』に発表した論文のアクセスがすごいんだ」と嬉しそうに語られて、現地の研究環境にものすごく満足されているんですよ。それに比べて日本は、もっとやるべきこと、できることがあるだろうと思いました。とにかく管理、管理ばかりで、例えば10年のプロジェクトだったら、5年ごととか2年ごとに、どこまで成果が出ているのか明示できなければ認められないとか。研究っていうのは、やったらどうなるか分からないから研究するのであって、そんな当たり前のことが通用しない、ものすごくおかしなことが横行しているわけです。日本の大学のあり方、研究を取り巻く環境、相当深刻な状況にあると思います。

　小学校や中学校で起きていることも根は同じです。本来、先生が子どもたちにどのように接するか、神経

を配るべきところなのに、それ以外の部分で、点数化しなくてもいい部分まで書類に残しておかないといけないだとか、そんなふうに国が教育を管理してゆく、モンスターペアレントから何か言われた時に自分の責任を追及されないように証拠だけ残しておくみたいな、そんなことばかりに時間をかけてしまう仕組み、これは何とかしなくちゃいけないと強く思います。建築基準法に細かい規定がいっぱいあって、それを全部クリアすることが本当の設計といえるのだろうか、そう問い続けてきたことと私の中では通底している問題でもあるのです。

小学校のPTAでの
得がたい経験

　1989年、アメリカのボルティモアにあるジョンズ・ホプキンス大学に1年間勤務することになって、家族5人で現地に滞在しました。その時に、「帰国したら馬込第三小学校のPTAに参加してもらえませんか」という打診がありました。その数年前に馬込第三小学校の同窓会が始動したこともあって、小学校の先生方

と接する機会もあったり、いろいろなことがきっかけになったと思います。

ボルティモアには日本語の学校が無くて、ワシントンに週末だけ授業が行われる日本語学校がありました。土曜日に当時中学3年生の長女と小学5年生と1年生の男の子、3人の子どもたちを、車で1時間くらいかけてワシントンDCまで連れて行って、それぞれの学校で子どもたちが授業を受けている間、こちらはワシントンDCを、ナショナル・ギャラリーを訪れたり観光して過ごしていました。もちろん、土曜日の学校に子どもを通わせる義務はないわけで、親が子どもにどういう教育を受けさせるのかちゃんと考えなくては、ということをアメリカで学びました。日本では、親が何も考えなくても公立の小・中学校でちゃんとした教育が受けられるから、ということになっているのですね。

戦後、日本に導入されたPTAは、元々はアメリカの制度ですが、実際にアメリカのPTAを体験して、日本のPTAももっと良くできるという思いを持ちました。帰国してから、子どもが通っていた馬込第三小学校のPTAに参加して、1992年から会長を2年務めることに

なりました。

　小学校のPTAには、以前はあまり議論をした経験がない人が多かったこともあり、母親だけの集まりの中で、人の好き嫌いなどに左右されて、なかなか物事がまとまらない状況がありがちだったらしいのですが、私は仕事柄、会議の運営などは慣れていることもあって、うまく議論を進めることができたように思います。とにかく、みんなが話しやすい雰囲気をつくることを心掛けました。みなさんの意見を聴いて「それならこうしてみたらどうでしょう？」と提案すると、それまでとは違った雰囲気が生まれて、私としては意味のある議論を通して意味のある答えを出すことができたと実感できる機会が多くて、とても良い経験になったと思っています。

　メンバーが発言しやすい雰囲気をうまくつくることによって、急に異なる意見が出てきたり、しかもそれがちゃんと議論に活かされて、最初の議論の流れから方向が変わったりもします。やはり、みんなで集まって議論することには大きな意味があるのです。

　もともと、もっと自由な立場で学校に対していろいろと働きかけられたら良いなという思いがあったもの

ですから、PTA活動には積極的に取り組みました。例えば、夜間も校庭を開放できるように、夜間照明を設置するということがありました。校庭開放を実施したいという内容の陳情書を作って、PTAメンバーのお母さん方も張り切って取り組んでくれる方が多くて、何百人もの署名を集めたり、とてもうまく進めることができましたが、もちろん反省点も色々とありました。ことの始めは、区の職員が、ふらっと校長室に来て、「校庭開放で夜間照明をつける話があるけど協力してもらえるか」と打診があったのです。校長は私に相談してくれて、私も様子がわからないままにPTAの役員に相談。やるなら陳情書を作って署名を集めようということになり、実現されました。時間的余裕がなかったこともあり、PTA全体でしっかり議論できたかというと心許ないところがあって、今でも少し気になっています。

　PTAって、ある意味すごく力があって、PTAが反対したら実現できない案件だっていっぱいあるわけです。子どもたちを学校に預ける親の立場で、その学校がどういうところに重きを置いていて、子どもたちは学校にいる間どんな生活を送っているのか、しっかりと目

配りをする。PTAの役割はすごく大事だと思います。

　PTAが母親任せになってしまう状況も改善したくて、会う人ごとに、特に父親仲間にPTAへの参加をずいぶん勧めました。何度か、親が集まってテーマを決めて勉強会を行ったり、地域ごとにPTA会長が集まる機会もあって、共通している問題について話し合ったり、短い期間ながら自分としてはとても充実した活動を展開できたと思っています。

　馬込第三小学校のPTAでは、1年間、監事役を経験した後、1992年度からの2年間、会長を務めましたが、次の会長にバトンタッチした3年目も一般会員としてサポートしました。サポート役もすごく楽しく活動できました。大田区は合唱が盛んで、ほとんどの小学校にPTAのコーラス部があるのですが、普通でしたら音楽の先生が指揮するわけですが、私も指揮させてもらったり、混成合唱やアカペラにチャレンジしたり、大いに楽しみました。馬込第三小学校は行事がとても多くて、PTAも大変といえば大変で、今思うと、よく会長をやれたものだなと我ながら驚いてしまう感じもあります。

　PTAについては、もちろん色々な議論がありますが、

学校を良くしようという時に、子どもを送り出している側が、その学校が抱えている様々な問題に対して、どのようにきちんと向き合えるかで、ずいぶん学校は変われるものなのだということを実感しました。校長が代われば学校は変わるものだけれど、その場合でも、PTA会長が校長に協力しなければ変わりません。

　PTAに参加したことによって、自治体と小学校とPTAがコミュニケーションをとることの重要性を痛感したものですから、今でも、小学校がその通学区域の文化の中心としての役割を果たせると良いなと強く思っています。例えば、小学校で運動会や展覧会を行えば、その学校に子どもが通っていない人でも、地域の人が訪れることによってお互いに交流を深めることが可能になると思います。小学校を町の中心として位置付けるイメージは、PTAに携わって生まれました。2019年4月の大田区長選挙に出馬した際も、小学校の学区程度の大きさの地域公共サービス住民会議をつくって、それぞれの地域で、区政に対する意見を出し合ってもらって、区民一人ひとりの声が区に届くようなボトムアップ型のまちづくりを提案しました。これは、PTAに参加したからこそ育まれたアイデアです。

まちづくり
と
民主主義

池上
本門寺
五重塔

2019.2.12
12:00

池上本門寺五重塔

大田区長選挙に
立候補した背景

　それまで大田区には長年住んでいるのにほとんど何も貢献していなかったのですが、90年代の前半から、小学校のPTAを通して、地域と地域での生活に関わるという経験を少し積むことができました。私は会長でしたから、議論を収めるところに自分の役割がありました。しっかりと議論して、それに基づいて物事を進めていけば良い結果がついてくるという感触は、PTAでの活動を通して得ることができました。もう少し前から本気で取り組んでいたら、相当なことができただろうと今でも思っています。2019年の大田区長選挙に立候補するに当たり、この経験が前段としてあったような気もしています。

　せっかく建築に携わってきたのだから、大田区のまちづくりとか建築行政とか何か関わらなければいけないのではないかという気持ちは、それまでも無かったわけではないのですが、実際に関わる機会はまったくありませんでした。自分がそれまで政治に関わってきたことと言えば、国会で建築基準法を何とかしよう

みたいなことだけでした。大田区として「まちづくり条例」をつくったけれど、例えば町会長がうんと言わないと話が先に進まないとか、そんな条例になってしまっていて、なんだかおかしいなという話には触れていたのですが、そこに出張っていって、何かを具体的に提案するとか、意見を述べるということはありませんでした。

　自分が区長選挙への立候補を打診されるなんて、そんなことは夢にも思っていませんでしたが、もとより私が建築や行政に関して取り組んできたのは建築基本法制定運動であり、それは今の建築基準法をベースとした日本の建築行政を根本から変えていかなければいけないという強い気持ちに端を発しているわけです。もし自治体の首長になることができれば、その権限を持つこともできるわけですね。建築行政が自治事務になったこともありますし、こういうこともできるかもしれない、ああいうこともできるかもしれない、色々と頭の中で描いてみました。2003年から続けてきた建築基本法制定運動、その実践という形につながる可能性もあるのではないかと思って、2018年の年末に立候補を決断しました。

区長選を通じて見たもの

　私も一般に知られている程度にしか、大田区の町工場についての知識を持っていなかったのですが、実際に日本の大企業が発展してきたのは、下請けの町工場に下支えしてもらって、下支えしているところの能力や部品の性能が優れているから、良いものを作ることができたわけです。そういった町工場の技術は大切にしなければいけない。一方で、下請けであるがゆえに、親企業の方針転換の影響をもろに受けて突然受注が無くなってしまうというようなことが繰り返されてきました。

　私も直接、現場でお話を伺う機会がありました。蒲田と大森、雪谷などの町工場で話を聞いたのですが、やはり現在の区政、行政がだんだん自分たちの声を聞いてくれなくなっている、なかなか耳を傾けてもらえないという声をたくさん耳にしました。昔なら、何か問題が起こった時には、もう少し相談にのってくれたのに、というわけです。いろいろ話をしていくうちに思ったのですが、例えば、山一證券とかダイエーなど、大企業がおかしくなると国が積極的にお金を出してサ

ポートしますよね。そうであるならば、自治体は地元の町工場とか中小企業がおかしくなった時には、もっと積極的にサポートすべきなんじゃないか、そういう気持ちが強く湧き起こってきたのです。確かな技術を持っているのに、自分の力ではどうにもならない経営の問題だとか、資金繰りの問題があるという場合には、もっと区が積極的にサポートする仕組みをつくるべきではないかと思いました。

　地方の過疎の村などで農業や林業に従事している人たちに対して、市や町がいわゆるコンサルタントみたいな人を雇って経営の指南をするという例があります。でも、東京では、そういう事例があまり耳に入ってこないように思います。そのような仕組みづくりは、自治体として取り組むべきじゃないかと思いました。大企業を保護するのでなく、中小企業を持続可能にする。これは、井上ひさしの見たボローニャのまちの考え方です。

　地方であれば農林業や漁業が対象ということになるけれど、大田区の場合には町工場や、中小の商店などが対象になります。そういうところで、自分の親の仕事を継いでいこうとする人はなかなかいません。それ

はもちろん大田区に限ったことではなく、どこでも同じでしょう。親のやってきたことを見ていた子どもたちが、もっと楽にお金を稼げる仕事に就きたいと思うからです。でも、中には親の仕事を自分もやってみたいという人もいて、その思いをどのくらい社会が支援できるかが肝心です。あるいは、新しく若い人が工場をやりたい、お店をやりたいという時に、どこの場所でどういう資金を入れて会社を立ち上げるか、そのバックアップを積極的に行うことには、大きな可能性があると思い至りました。地方の農林業を見ていても、東京で町工場が元気になるというのは容易ではないけれども、それでも、まだまだ地方自治体の出来ることはたくさんあると感じるのです。

　ただ、これまでと同じことをやっていける状況ではないのも現実です。大量生産の中のある一部分を担う下請けにとって、何をつくったらいいのかということは、仕事をくれる大企業の都合によって決まってくるわけで、それはやはり、かなり厳しい立場であることは間違いありません。

　とにかく、小さな企業が特色を活かして、地域の中で、小さいスケールでも気持ちよく仕事に取り組める

状況を創出できるように仕組みを考える必要性は、間違いなくあります。

　支援について財源も踏まえて言えば、直接お金を渡すよりは、やはり資金を提供してくれる人を紹介するとか、マッチングみたいなことが重要になってくるのかなとも思っています。例えば宣伝・営業もそうです。大企業ならば専門の部署があるでしょうけれど、一人で仕事をしている人にとっては、なかなか宣伝や営業まで手が回らない。そういう部分は、区が上手く宣伝の役割を果たしてあげるとか、色々とできることがあるはずです。さほどお金もかからないでしょうし、いわゆる経営コンサルティングみたいな役割を、自治体がもっと前向きに、地元の中小企業に対して担ってもいいだろうと思います。

まちづくりと建築

　東日本大震災で福島第一原発のメルトダウンのような大きな事故を体験し、首都直下地震など今後も巨大地震が起こる可能性に向き合わなければならない。私たち一人ひとりが、これからはどのような生き方が求

められるのか、自分自身の問題として捉えなければいけない時代に突入したと思います。

内閣府による首都直下地震の被害想定によれば、死者2万3,000人、揺れによる全壊は17万5,000棟となっています。被害想定というものは、具体的な条件に基づいて数字が出てくるので、条件をちょっと変えれば、当然出てくる数字も変わります。わかりやすい例として、駐車場に車が停まっていれば火が出るかもしれないけれど、駐車場が緑地になっていれば、それは火災の延焼防止になるわけです。条件が変われば状況も変わるのだから、それを具体的に一つひとつシミュレーションしてみて、どのような選択をするのか議論できるわけです。被害想定で大変な数字が出ているから耐震診断を行いましょうというだけではなくて、自治体として具体的にどこをどうしたら、被害を減らせるのか考えることを優先させるべきでしょう。それによって具体的に防災まちづくりの議論もできるのです。

例えば、敷地が100坪のところに庭があって、一家4人で住んでいる家があったとします。その同じ敷地に、木造3階建てが3軒建つ場合もあるけれど、今ではワンルームアパートで20戸というのが次々と建っ

ています。一人住まいだとして20人が住んでいる。庭はゼロです。地震が起きた場合のリスクは明らかに増えています。若い人が寝に帰るだけのアパートだったりするとコミュニティも育ちにくい。自分たちの町が抱えるリスクをどうするか考えれば、そんな建築はもう止めましょうという政策だってありえるはずです。自分たちの町の将来をどうするのか考えずに、とにかくお金が回ればいいんだ、狭い土地に多くの人を住まわせるのが一番儲かるんだ、税収も増えるんだと、そんな町づくりをこれからも続けていって本当に大丈夫なのか、根本から問い直さなければいけない時期に来ているのです。

　建築は、住むことはもちろん、人々の生活全般と密接に関わっています、というより一体不可分のものです。建築を学んで、建築に携わることが、人がどう生きるのかという生き方の問題と直結していることを、近年つくづく痛感しています。東京大学は、新領域創成科学研究科を設けて、新しい学問を切り開くんだ、環境学もその一つなんだということを言い始めたわけですが、なかなかそれが社会の中で認められ、当たり前になるまでには、時間がかかるのだろうと思います。

そのような中で、実は、建築が一番その方向に進んでいきやすいところがあって、エンジニアリングとか、芸術という領域に特化するのではなく、環境という枠の中でエンジニアリングも芸術も融合した建築を考えることができるのです。研究する人にとっても、設計する人にとっても、そのあたりは、これからの大きなテーマになるだろうと思っています。

　文句を言っても仕方のないことですが、工学部は大学の中でも研究者や学生の数が多いし、環境問題は工学の力で解決するんだみたいな声が一方にあります。そんなことを言っているから、いつまでも解決しないんだと言いたくなりますが、どのような形で自然と地球に対応していくのかは、工学だけの問題ではありません。そういう中で、環境工学ではなく、環境学という視点をどうやって作っていけるかが非常に重要な課題ではないかと思っています。

　まちづくりを考える上では、大きな構造物、公共建築のあり方も大事です。釜石では、震災復興の一環としてラグビー・ワールドカップ会場にも使われた鵜住居復興スタジアムが建設されました。6,000人が入るスタンドに、1万人の仮設スタンドが付けられました。

ワールドカップでは2試合が予定されていたのですが、台風の影響があって1試合しかできませんでした。鵜住居スタジアムはオープンでとても気持ちのいい場所ではありますが、人口3万5,000人の釜石市で、今後、6,000人のスタンドがあるスタジアムをどうやって維持管理していくのか疑問に感じます。

このような公共建築が地域に愛され、そこを使用することが喜びとして認識される、そしてそれが時代を超えていくためには、何が必要でしょうか。そこで思い浮かぶのが、シドニーのオペラハウスです。設計は国際コンペで決まったけれど、建設費が合わないといった問題が起き、工期が何倍もかかって、さらにお金もかかる、設計者も途中で降りてしまうという事態に陥ったのです。それにもかかわらず、シドニーの人たちによる、あの場所にあの建物をつくりたいという気持ちが結実し、シドニーのシンボルとして誕生しました。言うまでもなく今でも愛される建物になっています。

どうしたら、そのようにできるのか。国立競技場だって、本来ならば同じように、東京都民の盛り上がりを最優先にして作るということが、やり方次第ではい

くらでも可能だったのではないかと思います。大型プロジェクトについては、他の誰よりも建設地の人たち、そこに住んでいる人たちが、こういうものを作りたいと構想する段階から関わって盛り上がることによって、いつまでもその過程が語り継がれ、施設も大切に使われていくのだろうと思います。

　今の東京都庁舎もコンペで丹下健三のデザインが選ばれたものです。当時あのようなシンボル性を強調するよりは、人々の集まることを象徴するような、例えばスウェーデンのストックホルムの市庁舎風の、唯一超高層ではない磯崎新の案が対比して論じられたりもしたことを思い出します。公共建築には、時の社会の目指す方向が表れるものだと言うことができます。その意味からも、まちづくりとは民主主義そのものだと思います。

　物理的に建築を作ることだけでまちづくりができるとは思いません。しかし、建築を社会の仕組みから考えて、人々が社会資産としての建築というものの認識を共有することができれば、それはしっかりとしたまちづくりにつながると思います。わが国では、建築基準法の存在が建築にとって、社会にとって、とても大

まちづくりと民主主義

きな経済の力になってしまっています。残念ながら、そのことが一人ひとりの暮らしを疎外することにもなっていると言えます。私たちがどのような暮らしを望むのかという視点から、そして、そのための建築のあり方や、法律のあり方を考えることは、とても大切なことだと思います。2020年4月には、それまでの建築基本法制定準備会における議論をまとめ、参考資料とともに整理して『持続可能社会と地域創生のための建築基本法制定』（A-Forum出版）を刊行しました。これからも、仲間と議論を続けて発信してまいります。

参考文献

はじめに

ハンナ・アレント『人間の条件』筑摩書房、1994年

第1章

岡田温司『イタリアン・セオリー』中央公論新社、2014年

井上ひさし『ボローニャ紀行』文藝春秋、2010年

ジョルジョ・アガンベン『ホモ・サケル』以文社、2007年

アントニオ・ネグリ、マイケル・ハート『〈帝国〉』以文社、2003年

ロベルト・エスポジト『近代政治の脱構築』講談社、2009年

第2章

中村桂子『こどもの目をおとなの目に重ねて』青土社、2020年

第3章

S.チモシェンコ『工業振動学』商工会館出版部、1956年

羽仁五郎『都市の論理』勁草書房、1968年

宇沢弘文『社会的共通資本』岩波書店、2000年

宇沢弘文『経済学と人間の心』東洋経済新報社、2003年

鎌田慧『反骨』講談社、1992年

宇野重規「釜石市長としての鈴木東民」東京大学社会科学研究

　所、2008年

木下晋・城島徹『いのちを刻む』藤原書店、2019年

第5章

藤田東吾『完全版　月に響く笛　耐震偽装』講談社、2007年

第6章

ジェローム・ラベッツ『ラベッツ博士の科学論』こぶし書房、2010
　年

宮沢賢治『宮沢賢治全集　9　書簡』筑摩書房、1995年

門井慶喜『銀河鉄道の父』講談社、2017年

今福龍太『宮沢賢治　デクノボーの叡智』新潮社、2019年

佐々木格『風の電話』風間書房、2017年

第8章

建築基本法制定準備会『持続可能社会と地域創生のための
　建築基本法制定』A-Forum出版、2020年

桜トンネルの上から見た小白浜

あとがき

　2019年は、私の人生にとって驚きの年でした。それまで、まったく予想したこともなかった大田区長選挙に立候補するという大きな出来事があって、日々膨大な情報が頭をめぐり、毎日動きまわり、多くの方のお世話になりました。結果はあえなく落選という経験をしました。しかし、その過程でたくさんの新しい人のつながりが生まれました。大田区在住で、現代書館編集部の須藤岳さんもその一人です。工学の人間が政治にかかわるということに興味を持たれて、本書の企画が生まれました。

　建築の分野にあまり馴染みのない読者の方にも手にとっていただけるように、読者のみなさんと対話しているような雰囲気の本づくりを目指したいと考え、本書では語り下ろしのスタイルを採用しています。須藤さんの叔父にあたる須藤研さん（1943〜　）が著名な地

震工学者ということで、インタビュアーを買って出てくださって、アメリカの同時多発テロから18年目の2019年9月11日、とても暑い日でしたが、飯田橋の現代書館の会議室で長時間にわたってお話しさせていただきました。話柄が多岐にわたりましたから、記録を採っていただいた藤井久子さんにも大変ご苦労をおかけしました。この場を借りて改めてお二人にお礼を申し上げます。

　その後、コロナ禍の中でのZoomを使用したインタビューなどを経て、工学的な正確さを保ちつつ一般社会にわかりやすく伝える橋渡しの難しさを感じながらの脱稿となりました。

　そして話の中に登場して頂いた多くの人と本に出会えたことに感謝します。

　　　　　　　　　　　2021年1月　　神田 順

神田 順
かんだ・じゅん

東京大学名誉教授。日本大学理工学部客員教授。1947年、岐阜県生まれ。東京大学工学部建築学科卒業。修士課程修了後、竹中工務店で構造設計業務に従事。1979年、エディンバラ大学PhD取得。東京大学工学部教授、同大学新領域創成科学研究科教授などを歴任。2003年より建築基本法制定準備会会長。著書に、『耐震建築の考え方』(岩波書店)、『安全な建物とは何か』(技術評論社)、『建築構造計画概論』(共立出版)など。

小さな声からはじまる建築思想

2021年2月15日　第1版第1刷発行

著　者————————————神田 順
発行者————————————菊地泰博
発行所————————————株式会社現代書館
　　　　〒102-0072 東京都千代田区飯田橋3-2-5
　　　　電話 03-3221-1321　FAX 03-3262-5906
　　　　振替 00120-3-83725
　　　　http://www.gendaishokan.co.jp/
印刷所————————————平河工業社(本文)
　　　　東光印刷所(カバー・表紙・帯・別丁扉)
製本所————————————鶴亀製本
ブックデザイン————————伊藤滋章

校正協力：高梨恵一
©2021 KANDA Jun　Printed in Japan　ISBN978-4-7684-5894-5
定価はカバーに表示してあります。乱丁・落丁本はお取り替えいたします。

寡黙なる饒舌
建築が語る東京秘史

若山 滋 著　　　　　　　1700円＋税

隈研吾さん推薦。「建築は、物だと思われる
ことが多い。しかし、建築は物である以上に
物語であるということを、著者は東京を例に
して、証明した」。著者ならではの視点で描
かれる建築と権力者の知られざる因縁と歴史
秘話、建築界の巨匠評など読みどころ満載。

明治の建築家・
妻木頼黄の生涯

北原遼三郎 著　　　　　　2200円＋税

日本橋や横浜赤レンガ倉庫を設計したことで
知られる明治建築界の一匹狼・妻木頼黄（つ
まき・よりなか）の生涯を活写した傑作評伝。
学閥の長・辰野金吾との国会議事堂建設を巡
る対決をはじめ、数多くの印象的な逸話が、
日本が近代化に邁進した時代とともに甦る。

コーヒーを味わうように
民主主義をつくりこむ
日常と政治が隣り合う場所

秋山訓子 著　　　　　　　1700円＋税

第一線の政治記者として活躍する朝日新聞編
集委員がしばし永田町を離れ、日本はもとよ
り、世界各国のあらゆる現場でコツコツと課
題解決に向けて取り組む人々を訪ね歩く。民
主主義はやっかいだけど、時間をかけてこだ
わって、ていねいに、がまんしつつも面白く。